JN006225

村田晶子
Akiko Murata

箕曲在弘
Arihiro Minoo

佐藤慎司
Shinji Sato

編著

国際学生
との協働から
オンライン
調査まで

フィールドワークの学び方

Learning Fieldwork: From Collaboration with
International Students to Online Data Collection

ナカニシヤ出版

はじめに

　フィールドワークとは，興味のある現場（フィールド）に出かけて，インタビューや現地観察などを行う調査方法を指します。教育にフィールドワークを取り入れることで，学生の主体性，調査力，コミュニケーション力，課題解決力などさまざまな力を育むことができますので，大学教育のみならず，学校教育の総合的な学習の時間にも取り入れていくことが期待されています。

　しかし，これまでフィールドワークの技法について書かれた本はあるものの，授業ですぐに活用できるような**実践的なワークシートのついた参考書が不足**していました。また，フィールドワーク教育をめぐる環境も近年では大きく変化しており，国内学生だけでなく，国際学生が日本でフィールドワークを行うことも増え，**多様な学生に配慮したフィールドワーク教育の参考書**が求められています。くわえて，感染症の拡大により教育現場全体が急速にオンライン化したことをふまえて，フィールドワーク教育においても**オンラインの活用**をふくめた，より幅広い教育を行っていくことが望ましい時代に入っています。

　本書はこうした時代の変化と新しいニーズに対応したフィールドワーク教育の参考書として，以下の五つの特色をもっています。

■本書の特色
特色 1：初学者のための実践的ワークシート：本書は豊富な練習問題と実践例を掲載しており，フィールドワークを指導している教員がすぐに授業で活用することができます。また，フィールドワークを学びたい学生が Part I のワークシートを使ってフィールドワークを独習することも可能です。

特色 2：留学生のクラスでの活用：本書はわかりやすく，シンプルな表現を使うようにしており，日本語が中上級レベルの留学生（国際学生）の言語文化の応用活動としても活用できるテキストです（調査のための基本語彙リストつき）。

特色 3：国際共修クラスでの活用：また，国内学生と国際学生の協働フィールドワークの進め方や学生たちの協働フィールドワークの実践例も多く掲載していますので，国際共修のクラスでのグループ・プロジェクトにもご活用いただけます。

特色 4：オンライン・フィールドワークに活用：本書は具体的なオンライン・フィールドワーク教育のさまざまな実践例が掲載されていますので，国内の遠隔地や海外とつないだフィールドワークの指導や学生の実践の参考にすることができます。

特色 5：学際的フィールドワーク教育の方法：本書の Part III ではさまざまな分野の教員たちのフィールドワーク教育の実践例も掲載しています。文化人類学，多文化教育，留学生教育，地域史，移民研究，環境学，経営学，クリティカル・リテラシー，日本語教育など，学際的なフィールドワーク教育の方法を知ることができます。

　以上のように，本書は新しい時代の変化に対応したフィールドワークを学ぶための実践的な参考書になっていますので，ぜひさまざまな教育現場でご活用いただけたら幸いです。

2022 年 7 月

編者一同

本書の構成

本書は三つの Part とダウンロード版資料から構成されています。

Part I　ワークシート

　Part I は授業で活用できるワークシートを掲載しています。はじめてフィールドワークをする学生が第 1 回から第 15 回まで段階的にフィールドワークの基礎を学ぶことができ，むりなくフィールドワークを実施して結果をまとめることができるようにデザインされています。

ワークシートの構成と内容

Part I の回	内容
アイスブレイク	おたがいを知る
第 1 回	フィールドワークって何？
第 2 回	計画を立てる
第 3 回	情報を集める
第 4 回	インタビューの質問を作る
第 5 回	インタビュー調査のマナーと準備
第 6 回	ライフストーリーインタビュー：相手の背景・人生について聞く
第 7 回	観察と記録のつけ方
第 8 回	ちょっと一息：実践例を読む
第 9 回	インタビューの文字化とふりかえり
第 10 回	調査結果をまとめる
第 11 回	発表の準備とふりかえり
第 12 ～ 14 回	発表
第 15 回	最終レポート（ミニエスノグラフィー）

短期：フィールドワークを短期間で行いたい場合は，身近な環境でできるテーマを選ぶとよいでしょう。教員があらかじめテーマと調査場所を指定しておくと，短期間で行いやすくなります。また，インタビューする人数や時間を少なくすると，全体の期間はみじかくなります。

通年：2 学期間で行う場合は，第 1 回から第 7 回までを 1 学期目に行います。そして，実際のフィールドワークは夏休み／春休み期間中，または次の学期に入ってから実施し，結果をまとめて発表する形になります。

Part II　ワークシートの使い方

　Part II は指導者向けにワークシートの使い方について説明しています。シートを使った授業の流れと留意点を「事前指導」,「実施指導」,「結果のまとめと発信の指導」に分けて書いていますので, ワークシートを授業でご活用される際にご参照ください。また, フィールドワークを独習するみなさんも, 授業の流れを知るうえで参考にするとよいでしょう。

Part III　フィールドワーク実習の例

　Part III では, フィールドワーク教育に長年かかわってきた教員たちによるフィールドワーク実習の具体例が紹介されています (11 の実習プログラムを掲載)。北海道, 東北, 関東, 中部, 関西, 四国, 沖縄など, 日本のさまざまな地域で行ったフィールドワーク教育について知ることができるとともに, 以下の表にあるような多様なテーマでの具体的なフィールドワークの指導法, 実践方法を知ることができます。また, ここに掲載されている実践例の多くが, 国内学生と国際学生のグループフィールドワークの指導例ですので, 多様な背景をもつ学生が協働して行うフィールドワークをどのように指導したらよいのか, 具体的な方法と教育の意義を知ることもできます。学生にとっても, 地域選び, テーマ選び, フィールドワークの進め方を知るうえで参考になります。

Part III のフィールドワーク教育

	地域		多様な学生	テーマ
1.	関東	東京都（新大久保）	国内学生・国際学生	多文化の街の人びと
2.	東北	宮城県（南三陸）	国内学生・国際学生	被災地の人びと
3.	中部	福井県（福井市）他	国内学生・国際学生	地方創生
4.	北海道	札幌	国内学生・国際学生	地下街と現代社会
5.	中部	長野県（飯田）	国際学生	人の移動（満州移民・戦時動員）
6.	中部	石川県（金沢）	国際学生	留学生の地域貢献
7.	関東	東京都（四谷）	国内学生・国際学生	ホームレスと現代社会
8.	沖縄	オンライン：沖縄県（石垣島）	国内学生・国際学生	エコツーリズム
9.	四国	対面とオンライン：高知県, 埼玉県	国内学生・国際学生	国際ビジネスとリサイクル
10.	関西	オンライン：大阪府	アメリカの学生	Google ストリートビューによる言語景観分析
11.	関東	対面とオンライン	留学生	コロナ禍のフィールドワーク

ダウンロード版資料

　ダウンロード版の資料として，学生たちのフィールドワークの14の実施例を用意しています。学生の視点に立ったテーマ選びやフィールドワークの留意点を知ることができますので参考にしてください。また，学生のレポートには，ディスカッション用の問いがついていますので，グループワークに活用することができます（くわしい使い方はPart Iの第8回で説明しています）。

ダウンロード版資料：学生たちのフィールドワークの実施例

	テーマ
1.	恋愛
2.	ことばを学ぶこと
3.	国際交流
4.	クラブ活動（1） クラブ活動（2）
5.	食べること
6.	買うこと
7.	就職活動
8.	若者の政治意識
9.	宗教のふしぎ
10.	アルバイト先の外国人労働者
11.	街のフィールドワーク
12.	文化イベント
13.	外国出身者のライフストーリー
14.	ホームレスのフィールドワーク

ダウンロード版　調査のための基本語彙リスト（日本語を学んでいる学生用）

　調査でよく使われる言葉のリスト（300語）をテキストから選んであります（英訳つき）。必要に応じてダウンロードして学習にご利用ください。

　ダウンロード資料は下記サイトからダウンロードできます。

http://www.nakanishiya.co.jp/book/b609648.html

目　　次

Part III　フィールドワーク実習の例

Part I
授業・独習用に活用できる
ワークシート

アイスブレイク

　　フィールドワークでは学生たちの主体的なとりくみが重要になりますので，授業でもできるかぎり学習者中心の活動（ペアやグループでのディスカッションなど）をたくさん行います。まずグループに分かれ，メンバーと知り合い，話しやすい雰囲気を作りましょう。

クラスの初回のアイスブレイク

①知り合いましょう。
1：自己紹介をして，おたがいの共通点を三つ探しましょう。
2：おたがいの得意なことをあげましょう。
3：おたがいの違いを考えましょう。
グループメンバーの特色を生かしてどのような協働ができるのか考えましょう。

②リーダーと書記を決めましょう。
＊リーダーは意見のとりまとめを行います。
＊書記は情報を記録し，全員に共有します。

グループでフィールドワークをする場合のルール決め
グループで調査をする場合は，グループ内で守るべきルールを決めておきましょう。

例：ミーティングに遅刻をしない

ルール1.

ルール2.

ルール3.

＊何か問題が発生したら，言葉に出して伝えること，そして，話し合うことが大
　切です。もし解決がむずかしい問題があれば教員にも相談しましょう。

コラム：国内学生と国際学生の協働フィールドワーク

さまざまな言語文化的な背景をもったメンバーが一緒にフィールドワークを行うことで，多様な価値観を学び合ったり，多文化環境での協働スキルを高め合うことができます。興味のある人は国内学生と国際学生が協力して行うグループでのフィールドワークにチャレンジしてみるとよいでしょう。

【参加者へのアドバイス】
●国際学生（留学生）のみなさんは，異文化の視点から日本に来てふしぎに思っていること，興味のあることについて，積極的にアイデアを提供するとよいでしょう。みなさんのアイデアは，国内学生がそれまで「当たり前」だと思っていた社会や文化を新たな視点から見つめなおすきっかけになるかもしれません。

●国内学生（日本に長く住んでいる学生）のみなさんは，地域に長く住んでいる立場から，調査テーマに関してさまざまな情報を提供できるのではないでしょうか。また，関係者のインタビューのアポ取り，日本語でのインタビューの実施において，さまざまな貢献ができるでしょう。

●活動の言語：グループメンバー全員が協力してフィールドワークをするためには，全員が理解できる言語で情報を共有することが大切です。グループでのコミュニケーションの言語について相談しましょう。全員が理解できるようにやさしい言葉，複数の言語の活用，図，絵，イラスト，写真，動画，翻訳サイトなどもてるリソースをフルに活用しましょう。

海外の人びとと協働してオンラインのフィールドワークを行う場合
海外にいる人びとと協力して，オンラインでグループフィールドワークを行う場合は，時差に気をつけましょう（たとえば，日米の協働の場合，日本の午前はアメリカでの夜になります）。また，オンラインで初めて会う人と話すとき，緊張することが多いので，アイスブレイクの時間を十分にとって，おたがいの背景を知り，話しやすい雰囲気を作ってから，フィールドワークの相談をするとよいでしょう。

第1回

フィールドワークって何？

　　まず，フィールドワークの特色を理解し，フィールドワークのテーマやスケジュールを考えていきましょう。

> **問い**
>
> あなたは「フィールドワーク」にどんなイメージをもっていますか。
> そのイメージを話しましょう。

社会調査の方法は，大きく分けて二つあります。
①量的調査（数字であらわす調査）
②質的調査（インタビュー，文書資料，写真，映像などの質的なデータを扱う調査）
フィールドワークは，②の質的調査の一つです。

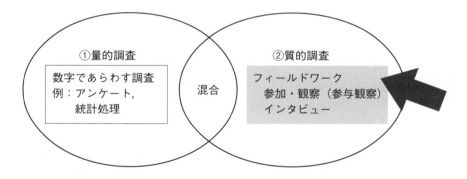

　　フィールドワークは，現場の情報をさまざまな方法で集める，総合的な調査です。現場に行って，その場の状況を見たり，人と話したりすることで，さまざまな情報を集めることがフィールドワークの特色です。記者の取材に似ています。その一方で，フィールドワークではたくさんのデータを一度に広く集めることができません。たくさんの人からデータを集めて，広く調べるのではなく，現場に行って「深く」調べるときに強みをもつと理解しておきましょう。テーマを「深く」知るためには，フィールドでお話をうかがう人びとと，よい関係を作り，お話をていねいに聞き，相手を理解しようとすることが大切です。相手と接する自分自身の姿勢を見なおすことも大切です。つまり，フィールドワークは「他者理解」と「自己理解」のプロセスでもあるわけです。こうしたフィールドワークの特色をふまえ，テーマを選び，計画を立てていきましょう。

●スケジュールを立てる ──────────────────────────────

　　フィールドワークは「準備」「実施」「結果のまとめ・発信」の三つの段階に分けられます。たとえば1学期間（15週）のフィールドワークの場合，以下のスケジュールのような時間配分になります。あなたがフィールドワークにかけられる時間を考えて，スケジュールを作ってみてください。

項目		調査期間	
		例 （3か月）	あなたの調査期間 （　　　　　　） ←
①準備	・テーマを決める ・調査計画を立て，発表する ・関連する情報を集める ・調査の準備をする	5月	（　　　）月
②実施	・フィールドワークを行う ・データを記録する	6月	（　　　）月
③結果の 　まとめ・発信	・結果をまとめる ・全体のふりかえりをする ・結果を発信する （例：発表，記事，動画，レポート）	7月	（　　　）月

　　上記は1学期間（約3か月）で一つのフィールドワークをする例ですが，小さいプロジェクトの場合には，全部を1か月程度の期間で行うことも可能です。たとえば祭りや文化イベントの訪問調査であれば，準備，訪問，結果のまとめ，発表まで全体を4週間程度で行うこともできます。ダウンロード版資料では学生のフィールドワークの例を多く取り上げています。どのような調査が可能なのかイメージをつかめると思います。読んでみてください。

【アドバイス】
フィールドワークで大変だった点を学生に聞くと，「スケジュール」という声をよく耳にします。しかし，時間は「ある」「ない」ではなく，**「作る」**ものです。フィールドワークをはじめるときに，スケジュールをしっかり立てておきましょう。とくにグループでフィールドワークを行うときは，定期的に会う時間をみんなが努力して作ることがフィールドワークを成功させるために重要になります。

●テーマを選ぼう ────────────────────────────────

　　あなたはどのようなテーマでフィールドワークをしようと考えていますか。テーマがまだ決まっていなくても心配しないでください。少しずつ興味のあるテーマが何か，考えていきましょう。

▶▶練習 1：テーマを考える
①次のようなテーマで調査を行うとしたら，どんな場所を選びますか。
　また，どんな人に話を聞きますか。
　　A）若者の友だち作り　　　B）外国人労働者の労働環境

	場所	人
A)		
B)		

②次の場所でフィールドワークをするとしたら，どのようなことが調べられますか。
　　A）自分の教室　　　B）クラブ・サークル　　　C）アルバイト先

	テーマ
A)	
B)	
C)	

③身近なテーマでどのような調査ができるのか，以下のダウンロード版資料のテーマのなかで興味のあるものを 1 つ選んでみましょう。

①恋愛　②ことばの学習　③国際交流　④クラブ活動　⑤食べること　⑥買物
⑦就職活動　⑧政治意識　⑨宗教　⑩アルバイト・外国人労働
⑪街のフィールドワーク　⑫文化イベント
⑬外国出身者のライフストーリー　⑭ホームレス

▶▶練習 2：テーマを書く
　今，あなたがイメージしているテーマを書いてみてください。

テーマ			
選んだ理由			
調査地		話を聞く人	

▶▶練習3：テーマ選びの自己チェック

以下，テーマとフィールドの選び方のポイントです。自分のテーマを決めたら，以下の点をチェックしましょう。

チェックリスト

□ **興味がもてるテーマか**

せっかく現地に行って調査をするのですから，自分が「もっと知りたい」と思うテーマを選ぶことが大切です。

□ **人と出会い，対話する機会があるか**

フィールドワークの大きな魅力の一つは，現地に行って，人とつながり，対話することにあります。できればアンケートでもできるような調査ではなく，人の話をじっくりと聞き，掘り下げることが必要なテーマを選びましょう。質的な調査では深さが大切です。

□ **フィールドへのアクセス**

できればテーマに関係する現場に行ってみるとよいでしょう。現場のさまざまな情報を集めることができますし，インタビューで聞いた情報を自分の目で確かめることもできます。もし現場に行かない場合は，現地の情報をどのように集めることができるのか考えてみましょう（オンライン現地調査をふくむ）。

□ **現代社会と関係したテーマか**

調査テーマを選んだ理由は，個人的におもしろいと思うこと，ふしぎに思っていることだから，であることが多いでしょう。「自分のテーマは，社会問題を扱ったり，社会と直接関係するようなものではない」と思う人もいるかもしれません。しかし，どんなテーマでも，現代の社会のなかで起きていることですから，社会と何らかの関係があります。自分のテーマが社会とどのようにつながるのかを考えることは，研究を深いものにします。たとえば，秋葉原で「オタク」の調査をする場合，調査の社会的な意義はどのようなものでしょうか。クラスメートや教員にも聞いて，アドバイスをもらいましょう。

□ **専門との関係**

大学2年生以上の場合は，専門分野との関連も考えてみましょう。そうすることで専門性を深めることができ，ゼミでの調査活動のトレーニング，卒業論文の準備にもなります。

●フィールドワークの三つの柱を考える —————————————————————

　フィールドワークは，とりわけ文化人類学のなかで発展してきた調査方法です。伝統的な文化人類学のフィールドワークでは，人類学者が海外で一定期間（最低でも1〜2年程度）滞在し，現地のことばを学び，現地の人びとと過ごしながら，社会や人びとの生活文化を調査しますが，現在では海外だけでなく，国内でフィールドワークをする人も増えています。

　フィールドワークの方法を確立したのはポーランド出身でイギリスの社会人類学者であるブロニスワフ・マリノフスキー（1884–1942）です。マリノフスキーは当時行われていた「安楽椅子に座った人類学」，つまり，現地でのフィールドワークを行わず，二次資料と自分の想像をまぜあわせて結論を出すことを批判しました。そして，現場に行って，きちんとデータを集めて分析する「フィールドワーク」の手法を確立しました。

　フィールドワークの特色は，現場に行って，自分の目で見て，自分の耳で聞き，現場の活動に参加しながら，現場を総合的に理解することにあります。あなたがフィールドワークを行う場合も，「聞く・話す」「見る・観察する」「参加する」というフィールドワークの原点をできるかぎり取りいれた調査を考えてみましょう。

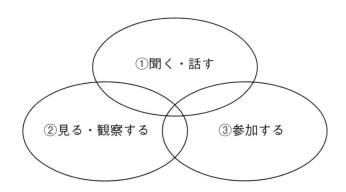

フィールドワークの三つの柱

▶▶練習4：三つの活動を具体的に考えてみよう
　例として，学生たちが行っている，この三つの要素を入れた「祭り」のフィールドワークについて考えてみましょう。祭りの調査をする場合，①，②，③のフィールドワークの要素をどのように取りいれますか。

現場に行く	例）祭りの会場に行く
聞く・話す	
見る・観察する	
参加する	

【例】

お祭りの調査	①聞く・話す	②見る・観察する	③参加する（体験する）
	例：祭りの主催者，訪問者に話を聞く。	例：祭り，おみこしを見る。屋台を観察する。	例：自分も踊る。屋台で食べ物を買いながら，店主とお話する。
			あなたも参加

＊三つの活動は，はっきり分かれているのではなく，おたがいに関係しています。

▶▶練習 5：自分のテーマに三つの活動を取り入れてみる

自分のテーマに三つの要素をどのように取り入れられるか考えてみましょう。「参加する」は，テーマによってはむずかしい場合もありますが，たとえば街の調査では，自分自身で街を歩き，レストランで注文して食べて店内を観察し，店主と少し話をする，といった活動も客という立場での「参加」だと考えられます。

あなたのテーマ	①話を聞く（だれに・どんな）	②観察・見学	③参加（体験）
		（どこで・どんなことを）	

＊「見学」の例：授業見学，クラブ見学，街歩きなど。
＊「参加（体験）」の例：お祭り，パーティー，コンサートなどのイベント参加，アルバイト，クラブ，ボランティア，インターン，就職活動，ホームステイなど。

◆オンライン・フィールドワーク：

現地の様子をオンラインで観察したい場合，どのような方法がありますか。
たとえば「就職活動」について調査するとしたら，オンラインでどのようなことができますか。

①オンラインでインタビューする	→
②オンラインで観察する	→
③自分で体験する	→

第2回

計画を立てる

　テーマが決まったら，具体的な調査計画を立ててみましょう。いつ・どこで・だれと／に・何を・どうやって調査するか，テーマを5W1Hで具体的に考えてみましょう。

▶▶練習1　計画表の作成

テーマ			
知りたいこと（リサーチクエスチョン） （以下，「研究設問」とよびます） 注意：研究設問は，インタビューの具体的な質問ではなく，もっと大きな問いです。			
5W1H	いつ（調査時期）		
	どこで（調査場所）		
	だれに（調査対象）		
	何を（調査項目）		インタビューの質問を三つ作ってみましょう 1. 2. 3.
	どうやって	（調査方法）	□ 深く話を聞く（インタビュー） □ 観察する （□ 補助的なアンケートをする） （メインはインタビューとすること）
		（記録方法）	□ メモ取り　　　　□ 録音 □ ビデオ録画 □ （　　　　　　　　　　　　　　　　　）

＊計画表を作成したら，クラスで発表し，教員やクラスメートからフィードバックをもらいましょう。ホワイトボードに5W1Hで箇条書きして，重要なポイントだけ発表するとよいでしょう。

＊調査をはじめる前に計画表を教員に出し，許可をもらいましょう。事前に調査計画書を学校に提出し，許可をもらうことが必要な場合もあります。教員に聞きましょう。

ちょっと待った！　ダメダメ調査計画のチェック ―――――――――――

調査計画の発表では以下のようなコメントがよく教員やクラスメートから出されます。発表する前に自分でチェックしましょう。

> そのリサーチクエスチョン（研究の問い），
> 大きすぎるんじゃないですか？

このコメントが一番多く出ます。たとえば，「大学生のアルバイト調査」ではよく内容がわかりません。何が知りたいのか，はっきりさせましょう。

> 同じような調査がたくさんあるんじゃないですか？
> ほかの人の書いたもの，読みましたか？

参考文献をきちんと読んでおきましょう。似たような調査があってもよいのです。あなたの調査では，「ここが違う」というところを説明できることが大切です。たとえば，「なぜ日本ではキャッシュレスが進まないのか」というテーマは人気がありますが，すでにたくさんの学生が調査しています。あなたなりのオリジナリティーが出せますか。よく考えましょう。

> 本当にできるんですか？

たとえば，ある学生は「シングルマザーの生活満足度」を調べようとしましたが，「シングルマザー」を自分で見つけられませんでした。調査したい場所に行けるのか，協力してくださる方がいるかどうか考えましょう。

> インタビューするだけ？

人の意識の調査をしようとすると，どうしてもインタビューだけになってしまいがちですが，そのテーマであなたが観察できることはありませんか。たとえば，ライフストーリーの調査だったら，相手が住んでいる，働いている街に行って，インタビューすることを考えましょう（Part III ①の箕曲章を参照）。

> プランＡがうまくいかなかったとき，プランＢは？

うまくいかなかったときの代替案を考えておくと安心です。

▶▶練習2　調査計画のチェック

調査計画の発表会で，クラスメートの計画を一緒に検討することで，多くのことを学ぶことができます。例として，Aさんの計画を見てみましょう。Aさんは自分のアルバイト先で働いている外国人留学生のインタビューやかれらの仕事の観察をつうじて，留学生のアルバイトの実態調査をしたいと考えています。

例：Aさんの計画

テーマ		留学生のアルバイトの就労実態調査
5W1H	いつ（調査時期）	4月～6月（3か月間）
	どこで（調査場所）	自分の働いているコンビニ
	だれに（調査対象）	外国人アルバイトスタッフ　5名（知り合い）
	何を（調査項目）	来日背景，労働環境，将来の夢を聞く
	どうやって（調査方法）	インタビュー，仕事の観察

発表会ではクラスメートから次のような質問やアドバイスが出されました。

質問例

・「就労実態調査」は大きいテーマですが，とくに何が知りたいですか。
・アルバイト中にインタビューや観察をすることができますか。
・外国人スタッフだけでなく，お店の店長に話を聞いたらどうですか。
・仕事の観察はおもしろいですね。インタビューとは別のことがわかるかもしれませんね。スタッフの仕事場での具体的な言語の使い方や接客の様子を観察したらどうですか。

以下の①～③の研究計画について考えてみましょう。どんな質問やアドバイスができますか。

①Bさんの計画

テーマ		日本の英語教育の課題
5W1H	いつ（調査時期）	4月（1か月間）
	どこで（調査場所）	小学校（これから探す）
	だれに（調査対象）	教員，生徒（できるだけ多く）
	何を（調査項目）	授業の方法，教師の教え方
	どうやって（調査方法）	観察，インタビュー，アンケート

あなたの質問／アドバイス（　　　　　　　　　　　　　　　　　　　　　　　）

②Cさんの計画

テーマ		30代の社会人女性の結婚意識
5W1H	いつ（調査時期）	4月～5月（2か月間）
	どこで（調査場所）	Zoom
	だれに（調査対象）	30代の働く女性（5名ぐらい，これから探す）
	何を（調査項目）	結婚に対する意識を聞く
	どうやって（調査方法）	インタビュー

あなたの質問／アドバイス（　　　　　　　　　　　　　　　　　　　　　　　）

③ D さんの計画

5W1H	テーマ	子どもの居場所づくりの実践
	いつ（調査時期）	5月～6月（2か月間）
	どこで（調査場所）	居場所づくりを目的とする NPO 法人（知り合いがいる）
	だれに（調査対象）	主催者と利用者（子ども）
	何を（調査項目）	場づくりの方法，子どもたちの利用方法
	どうやって（調査方法）	観察，インタビュー

あなたの質問／アドバイス（　　　　　　　　　　　　　　　　　　　　）

▶▶練習3　自分の計画を発表して教員やクラスメートからフィードバックをもらおう

		発表メモ	聞き手のフィードバック
	テーマ		
5W1H	いつ（調査時期）		
	どこで（調査場所）		
	だれに（調査対象）		
	何を（調査項目）		
	どうやって（調査方法）		

▶▶練習4　計画を修正しよう

もらったアドバイスをもとに計画表の修正をしましょう。

【修正点】
・
・
・
・

第3回

情報を集める

▶▶練習1：文献検索

調査現場での時間を有効に使えるように，事前にできるかぎりの背景情報を集めておきましょう。テーマに関連する情報を探すときは，テーマの背景情報，現状について書かれた記事，政府の統計，論文，図書を探して情報をまとめましょう。ネット上の資料に関しては，出典がしっかりしたものを選びましょう。

まず，検索するためのキーワードと情報の種類を決めます。たとえば，秋葉原の「オタク」の消費行動に興味がある学生は，次のような検索ワードを入れました。

【例】

論文／記事／図書／統計

Q（　　オタク　　）（　　秋葉原　　）（　　消費　　）（　　論文　　）

出典の種類

①あなたの調査のキーワードを下に書き，検索して文献リストを作りましょう。

Q（　　　　）（　　　　）（　　　　）＋（論文／記事／図書／統計）
　＋　専門分野があれば入れる（社会学，経済学など）

②以下について，適切かどうか話し合いましょう。

1.（　　）Wikipedia はいつもそのまま引用する。
2.（　　）書いた人の背景はわからないが，おもしろいブログがあったので引用する。
3.（　　）よい文献を見つけたら，その文献の参考文献リストもチェックする。
4.（　　）大学生の卒業論文で自分のテーマと近いものを見つけた。
　　　　それがよいものかどうかわからなかったが，先行研究として引用した。
5.（　　）文献検索は Google や Yahoo など一般的な検索サイトを使えば十分だ。

＊文献のデータベースを使うと，学術論文，図書，雑誌などを効率的に探すことができます。以下，検索に役立つデータベースをいくつかあげます。多くの大学の図書館で文献検索のワークショップを定期的に行っているので，活用しましょう。

データベース例	概要
大学図書館の検索システム（OPAC: Online Public Access Catalog）	多くの大学で提供されている検索システム。図書だけでなく，国内外の論文，データベース，電子ジャーナルなどをまとめて検索できる。
J-Stage	科学技術振興機構のデータベース。電子ジャーナル検索ができる。
CiNii Articles	国立情報学研究所のデータベース。論文，雑誌記事や博士論文などの学術情報が検索できる。
CiNii Books	国立情報学研究所のデータベース。全国の大学図書館などの図書・雑誌情報が検索できる。
NDL-ONLINE	国立国会図書館の蔵書検索システム。雑誌記事検索もできる。
Google Scholar	Google による論文，書籍の検索サービス。
Webcat Plus	大学図書館，国会図書館の蔵書の検索ができる。
Web of Science	海外の学術論文を探すときに使われるデータベース。
新聞記事検索サービス（大学などの図書館経由）	過去のニュースをたどり，歴史を検証できる（新聞記事検索サービスの使い方は Part III ①箕曲章参照）。

ほかにもあなたの調査テーマと関連して活用できそうなデータベースがあれば，リストアップしましょう。

- ・
- ・
- ・
- ・

●文献リストの作成 ────────────────────────────────

　以下の例を見て，文献をまとめましょう（例は留学生のチョウさんが秋葉原の「オタク」の消費行動の調査のために集めた文献リストの一部です）。

【チョウさんの参考文献リスト】

項目	出典		情報のまとめ	参考になった情報
	種類	詳細		
1	図書	大塚英志（2004）『「おたく」の精神史――一九八〇年代論』講談社	1980年代のサブカルチャーの歴史を自分の体験をふまえて分析している。当時のバブルと「オタク」の関係がわかる。	歴史的背景
2	図書	森永卓郎（2005）『萌え経済学』講談社	経済の視点から「萌えビジネス」を分析し，市場の成長の過程，将来性を明らかにしている。	オタク市場の大きさ
3	図書	原田曜平（2015）『新・オタク経済――3兆円市場の地殻大変動』朝日新書	「オタク」が変化し，リア充の「オタク」が増えていることがわかった。	「オタク」の変化

文献リストが完成したら，自分の調査にどのように生かすのかまとめておきましょう。そのうえで，文献では書かれていないこと，あるいは文献ですでに書かれていても，くわしいところがわからず，あなたが疑問を感じていることは何かを考えてみましょう。それがあなたの研究設問を作るうえで役に立ちます。たとえば，チョウさんは上記の参考文献をふまえて，①すでに文献に書かれていること，②自分がさらに知りたいことを次のように記述しています。

【チョウさんの文献のまとめ例】

①文献で書かれていること

　近年では秋葉原に「ライトなオタク」が増え，オタクは特別なものではなくなってきていると指摘されている（原田2015）①。

　その一方で，実際に秋葉原に行くと中年で，「ライト」には見えない，典型的な「オタク」も多く見かける。かれら昔ながらの中年の「オタク」たちも変化しているのだろうか②。筆者はフィールドワークで秋葉原に行き，中年の「アイドルオタク」といっしょにコンサートに参加して，会場で声を聞くことでこの答えを探したいと考える。

②自分の疑問，もっとくわしく知りたいこと

▶▶練習 2 : 文献リストの作成をする

項目	出典情報（題名, 発行年，出版社など）	情報のまとめ	参考になったこと
1			
2			
3			
4			
5			

▶▶練習 3 : 文献のまとめと自分なりの視点を書く

①文献で書かれていること

②自分の疑問，もっとくわしく知りたいこと

第4回

インタビューの質問を作る

◉いろいろなインタビューのカタチ ─────────────────────

インタビューにはおもに次の四つのタイプがあります。違いを知っておきましょう。

①**構造化インタビュー**（Structured Interview）：あらかじめ用意した質問を読み
あげ，相手の答えを記録します。アンケートに近い形です。たくさんの調査
員がいるとき，全員が聞き方を同じにすることができますが，準備した質問以
外の情報がえられにくいという欠点もあります。

②**半構造化インタビュー**（Semi-structured Interview）：質問は事前に準備して
おきますが，相手の答えによって質問の順番や内容を変えたり，追加の質問を
したりします。よい点は，インタビューの初心者でも基本的な質問を準備し
て聞けることと，相手の反応によって，追加で質問をしたり，質問内容を調整
できることです。ただし，初心者は質問を読むことにいっしょうけんめいで，
追加質問がうまくできないことが多いので，経験をつむことが大切です。グ
ループで行うときは，質問をする人と，追加質問・情報確認をする人に分ける
とよいでしょう。

③**非構造化インタビュー**（Unstructured Interview）：自由度の高いインタビュー
を指します。質問を決めないで，相手に自由に話してもらうことにより，準備
した質問にはなかった情報を知ることができます。しかし，①，②のインタビ
ューよりも時間がかかり，質問者が発話の流れを追いながら，テーマと関連し
た情報を聞きだすためには，臨機応変なコミュニケーションスキルが必要に
なります。また，人によって話す量に差が出ます。路上での雑談など，質問の
内容や順番を決めずに話すのも非構造化インタビューの一種です。

④**フォーカス・グループ・インタビュー**（Focus Group Interview）：グループで，
話し合ってもらうインタビューです。メンバー間で意見を出し合う形のため，
さまざまな視点をえることができますが，調査者が全体の流れを追いながら，
ある程度の方向づけをする必要があります。

＊はじめてフィールドワークをする人は②の半構造化インタビューからはじめると
よいでしょう。

◉インタビューの事前準備────────────────────

　原尻（2006: 97）は大学の 1，2 年生の教育としてのフィールドワークは，人と人とのかかわり方を学ぶこと，「**フィールドの人から信頼される人間になること**」であると述べています。あなたのインタビューに協力してくださる方々は，自分の時間をさいて，あなたのために話をしてくださいます。相手を尊重し，相手に配慮した質問を作りましょう。

▶▶練習 1：次のインタビューの質問の問題点は何ですか
　以下のインタビューについてどう思いますか。何か変えたほうがよい点はありますか。

1．初対面の会社員に対して：「年収はおいくらぐらいですか」

2．相手を外見で判断して：
　調査者：すみません，ハーフの方ですか。ハーフの調査をしているのですが，お話を聞けますか。
　相手の人：……。

3．外国人留学生に対して：「日本の教育についてどう思いますか」

4．街頭調査で：
　「日本の少子化問題と女性の社会進出の遅れについてどう思いますか」

5．大学生に：
　「日本の私立大学の授業料は高いですが，あなたも不満をもっていますか」

6．東京駅での調査：「東京のみなさんはこの問題をどう思っていますか」

7．調査者：あなたが A 団体を設立した年は何年ですか。
　協力者：……。

8．（上記以外であなたが考える問題のある質問例）

▶▶練習2：インタビューの質問を書く

あなたのフィールドワークで聞きたい質問を書いてください。

あなたのテーマ	
調査協力者	
問1	
問2	
問3	
問4	
問5	

PartⅢの各章にさまざまなテーマの質問例がありますので，参考にしましょう。

▶▶練習3　質問の順番を考える

いきなり大きな質問を投げかけるのではなく，答えやすい質問からはじめ，少し慣れてきたら，より深い質問に入っていきましょう。たとえば下にあげたような流れで質問すると答えやすいです。あなたの質問の流れは相手にとって答えやすい順番になっているかどうか，流れを次の図の下に書いてチェックしてください。

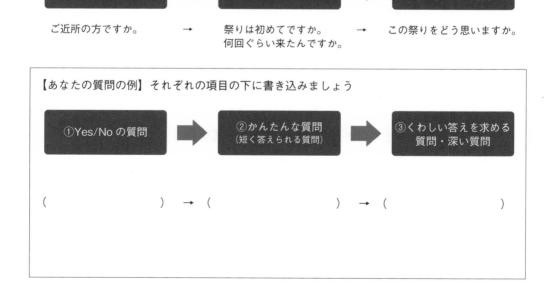

【お祭りの調査の質問例】

①Yes/No の質問　➡　②かんたんな質問（短く答えられる質問）　➡　③くわしい答えを求める質問・深い質問

ご近所の方ですか。　→　祭りは初めてですか。何回ぐらい来たんですか。　→　この祭りをどう思いますか。

【あなたの質問の例】それぞれの項目の下に書き込みましょう

①Yes/No の質問　➡　②かんたんな質問（短く答えられる質問）　➡　③くわしい答えを求める質問・深い質問

（　　　　　　　　　　　）　→　（　　　　　　　　　　　　　　）　→　（　　　　　　　　　　　　）

▶▶練習4：クラスメートと相互チェックする

インタビューの質問が相手にわかるかどうか，そして答えやすい流れになっているかどうかなど，実際のインタビューの前に質問リストをチェックしてもらいましょう。

【クラスメートのフィードバックシート】

		OK		不十分
1	質問はみじかくシンプルで，相手にわかりやすいか	3 ・	2 ・	1
2	質問の流れは易→難の順番になっているか	3 ・	2 ・	1
3	相手を傷つけるような質問はないか	3 ・	2 ・	1
4	欲しい答えを答えてもらうような質問をしていないか	3 ・	2 ・	1
5	あなたの調査計画表の研究設問（大きな問い）を知るために必要な質問リストになっているか	3 ・	2 ・	1
6	予定した時間内に聞ける質問数か	3 ・	2 ・	1

クラスメートからのコメント

よい点：

改善点：

クラスメートや教員のフィードバックをふまえて，質問を修正しましょう。

第5回
インタビュー調査のマナーと準備

◉調査のマナーについて知る ────────────────────

　　調査は協力してくださる相手がいるからできることです。調査をする前に，協力者に調査について説明してからインタビューを行いましょう。とくにフォーマルなインタビューで録音・録画をするような場合，協力者に正式な調査協力依頼書を渡して許可をもらいます。そのために，事前に以下の例のような調査協力依頼書と同意書を準備しておきましょう。

　　調査協力依頼書には自分の氏名，所属，連絡先，調査テーマ，目的，方法などを書きます。そして，相手の個人情報を守ること，調査結果の使い方などを書いておきます。

インタビューの調査協力依頼書（例）

> 　　　　　　　　　　　　　　　　　　　　　　　　　20XX 年 X 月 X 日
> 　　　　　　　　インタビューへのご協力のお願い
>
> 　　ABC 大学社会学部 3 年の山田よしこと申します。ABC 大学の社会調査法の授業の課題で，「外国人労働者の生活状況」について調査しております。この調査をつうじて，外国人労働者の受けいれの改善について考察したいと思っております。インタビューにご協力いただけると幸いです。
> 　　調査データは厳重に保管し，個人のプライバシーの保護に十分配慮します。ご協力いただきましたデータをもとに，課題レポートを作成し，ABC 大学に提出する予定です*。固有名を仮名とし，個人が特定されることのないよう配慮します。
> 　　調査への協力は任意（自由意志）で，いつでもやめられます。後日，データの破棄，コピーなどのご要望があれば，いつでもお応えいたします。協力しなかったことで，あなたの不利益になることはありません。
> 　　ご不明な点がありましたら，ご遠慮なく下記にご連絡ください。
>
> 〈本調査の問い合わせ先〉
> 調査者　　　：ABC 大学社会学部 3 年（氏名）山田よしこ
> 指導教員　　：ABC 大学社会学部　鈴木太郎
> 調査者の連絡先：03-0101-xxxx　e-mail：yamada2020xxxx@abc.ac.jp

＊調査結果を学会で発表したり，論文を執筆するなどして，外部に公開する可能性がある場合は，その点も依頼書にふくめましょう。

調査協力の同意書（例）

　調査協力依頼書の内容を説明したあと，状況に応じて，協力者から同意書をいただくようにしましょう。

20XX 年 X 月 X 日

調査協力の同意書

調査テーマ：外国人留学生の来日理由
調査者：ABC 大学社会学部 3 年　山田よしこ

上記のテーマに関する以下の✓の点について，調査者より説明を受け，理解しました。

□ 調査の目的，方法について　　　□ 調査参加の自由について
□ 個人情報の保護について　　　　□ 結果の公表の方法について

これらの点について説明を聞き，理解したうえでこの調査に参加することに同意します。

20XX 年 X 月 X 日　　　　　　調査協力者　　　　署名

20XX 年 X 月 X 日　　　　　　確認した説明者　　署名

＊同意書は調査者，協力者用に各 1 部用意
＊大学によっては，学生の調査の内容が適切かどうか調査実施前に審査する場合があります。そのときは，申請書とともに，調査計画書，調査協力依頼書，調査協力同意書，インタビューの質問リストなどを提出する必要があります。担当の教員に確認しましょう。

▶▶練習1：インタビューの練習をする

インタビューを実際に調査協力者に行う前に十分に練習しておく必要があります。教室でクラスメートとペアになり，インタビューの練習をしてください。インタビューの流れは以下の通りです。あとでふりかえるために，スマートフォンなどで録画してください。

流れ	表現例
自分の所属を言う	xx 大学のリーと申します。 本日はお時間をいただき，ありがとうございます。
調査概要の説明と相手の同意をえる	調査の目的についてご説明させていただきます。 （調査協力依頼書を渡して説明し，同意書に署名をもらう）
録音・録画の許可	インタビューを録音／録画してもよろしいでしょうか。 （許可がもらえない場合は，メモを取る）
所要時間を述べる	インタビューは○○分程度かかる予定です。
インタビュー開始	それでは，インタビューをはじめさせていただきます。 （機器の録画／録音ボタンを押し，インタビューをはじめる。インタビュー中は自分でもメモをとり，追加質問，確認などに活用する。インタビュー中の相手の表情や行動で気づいた点もメモする）
インタビュー終了時	・インタビューで学んだことを述べる。 ・お礼と調査結果の共有方法を述べる。 　（たとえば報告書を送る，最終成果発表会に招待するなど）
お礼のメール	・その日のうちに相手にお礼のメールを送る。

【街頭での短いインタビューの例】

所属	すみません，xx 大学のリーと申します。
調査の目的	大学の授業の課題で xxxx について調べています。
所要時間を述べる	5 分ほどお話をうかがってもよろしいでしょうか。

＊インフォーマルな場面で，はじめて会う人に短い質問をする場合は，「調査」や「研究」といったことばを使うと，相手がびっくりしてしまうことがよくあります。状況に応じて，「学校の課題」などの表現を使うようにしましょう。
＊インタビューの許可が必要な場所では，事前に許可をもらっておきましょう。

▶▶練習 2 : インタビューのふりかえりとチェック

実際にインタビューを行ったあとで，以下の項目ができたかどうかチェックして ください。

	チェックリスト	よく できた	だいたい できた	たりない ところが あった
①	インタビューの最初に少し雑談をするなどして，フレンドリーな雰囲気づくりができた。			
②	調査協力依頼書を渡し，調査テーマと目的などについて説明し，相手の同意をえた。			
③	相手に失礼のない話し方ができた。			
④	質問リストをしっかり頭に入れて相手の目を見て質問できた。（紙を読まずにできた）			
⑤	相手に自分の質問（質問の意味）が十分に伝わった。わかりやすく話せた。 (相手の表情を思い出してください)			
⑥	相手の答えがよくわからないとき，意味を確認することができた。			
⑦	相手の話を熱心に聞く態度（うなずき・あいづち）を示し，相手を受けとめた。			
⑧	状況に応じて追加の質問ができた。			
⑨	調査結果をどのように共有するか伝えた。（レポートを送る，発表会に招待するなど）			
⑩	インタビューをつうじてどのようなことを知ることができたのか相手に伝えた。			
⑪	あなたが大事だと思う点 (　)			

＊インタビューで聞いたほうがよかったと思う質問があれば，あげてください。

本番のインタビューの準備

◉インタビューのアポイントメント（アポ）を取る ─────────────

　　インタビューしたい相手が決まったら，できるだけ早くインタビューのアポを取りましょう。いつまでも相手の返事を待っていると調査が進まないので，**期限を決めておくことが大切です**。また，現地で出会った人にインタビューをしたいとき，相手がその場で対応できない場合は，相手の連絡先を聞いて後日行います。連絡先は複数（電話番号，メールアドレス，LINE の ID など）を聞いておくと安心です。

◉インタビュー前のチェックポイント ───────────────────

　　インタビューは失敗するとやり直しができません。事前に持ち物や録音・録画機材の準備，使い方の練習をしておきましょう。そして，質問をしっかり頭に入れてからインタビューに行きましょう。

> ### チェックポイント
>
> □ 録音録画機材のチェック（スマートフォンでも OK。バッテリーは十分あるか
> 　要確認）
> □ メモ用紙とペン
> □ 自分の連絡先を書いた名刺
> □ 調査協力依頼書・同意書（相手に記録として渡すコピーも各 1 部用意）
> □ 手土産（小さなプレゼント）（長時間話を聞く場合）
> □ 質問の流れを頭に入れる（紙を読まないでアイコンタクトし，傾聴態度を示す）
> □ 公開されている相手の基本情報をチェックし，頭に入れる
> 　（インタビューの相手はあなたがきちんと準備してきていることを期待します）

◉オンライン・インタビューの留意点 ───────────────────

　　オンラインでインタビューするときは次の点にも注意しましょう。

> □ 取材の 30 分前にはオンライン会議室の接続や音声を確認しておく
> □ 会議システムの録画機能が使える場合は，事前に録画の練習をしておく
> □ 通信がうまくいかない場合のバックアッププランを準備しておく
> □ オンラインでの録画（クラウド録画，PC 録画）が何らかの理由で失敗する場
> 　合もあるので，バックアップの録画機材も準備しておく

●グループインタビューの役割分担

　　グループでインタビューをする場合は，質問，メモ取り，録画など，事前に役割分担をしておくとよいでしょう。インタビューをする人は，質問することに集中しているため，話の内容がよくわからなくても先に進めてしまいがちです。サポート役は冷静に話の流れを理解し，「これはどういう意味ですか。○○について，例をあげていただけますか」などと追加で質問します。時間を分けて役割を変えて行うと，さまざまな役割を経験できてよいでしょう。

【グループインタビューの役割表（例）】

役割	担当者氏名
あいさつ・調査目的の説明	
質問する	
メモをとる	
追加質問する	
録音・録画する	
その他（　　　　　　　　　　）	

●インタビュー後のマナー

　　インタビューが終わったらその日のうちに，調査協力者に感謝の気持ちを伝えるようにしましょう。その際，調査結果の共有方法についても伝えるとよいでしょう（レポートを送る／成果発表会に招待するなど）。

メールのお礼状の例

○○様
　本日はお忙しいところわたしのインタビューにご協力いただき，誠にありがとうございました。お話をうかがい，大変参考になりました。（具体的に何が参考になったのか，どのように調査に生かせるのかを書く）。調査の結果がまとまりましたら，報告書をお送りさせていただく所存です。
　本日は誠にありがとうございました。重ねてお礼申し上げます。
　　　　　　　　　　　　　　　　　　　　　　　　　　　　　　山田花子

第6回

ライフストーリーインタビュー

相手の背景・人生について聞く

　調査協力者の背景を聞き取るうえで役に立つのが，ライフストーリーインタビューの手法です。ライフストーリーインタビューとは，相手の生い立ちやこれまでの人生について聞き取るインタビューです。ライフストーリーインタビューには決まった質問があるわけではありませんが，通常，生まれてから時系列にその人の人生について聞いていきます。最初は，人生をいくつかの大きな区切りに分けて聞くとよいでしょう。たとえば，日本に住む外国籍の人たちにインタビューを行う場合は，①「生い立ち〜学校時代」，②「来日のきっかけ」，③「来日直後の生活」，④「現在」，の四つの大きな区切りに分けて，質問します。

大きな区切り	具体的な質問項目	質問
①生い立ち〜 　　学校時代	生まれた場所 家族構成 幼少期 学校時代	どこで生まれましたか。 家族は何人ですか。 （　　　　　　　　　　　　　） （　　　　　　　　　　　　　）
②来日のきっかけ	きっかけ 来日までの過程	（　　　　　　　　　　　　　） （　　　　　　　　　　　　　）
③来日直後の生活	時期 住居 （　　　　　　　）	（　　　　　　　　　　　　　） （　　　　　　　　　　　　　） （　　　　　　　　　　　　　）
④現在の状況	今の学校／仕事 （　　　　　　　）	（　　　　　　　　　　　　　） （　　　　　　　　　　　　　）

▶▶練習1：ペアでライフストーリーインタビューの練習をしましょう

クラスメートとペアになり，相手の人生について，上のリストを参照して練習しましょう。質問する際，②を「専攻を選んだ理由」，③を「入学直後の生活」など自分の状況に合わせて変えましょう。

注意点：インタビューの際，できるだけ具体的なエピソードをあげてもらいましょう。また，その人の人生の転機となるような大きなできごとを深く掘り下げて聞きましょう。

▶▶練習 2：ライフストーリーの応用について考えましょう

ライフストーリーインタビューは，調査協力者の背景をしっかりと聞き取る訓練になりますので，さまざまな調査でライフストーリーインタビューのスキルを生かすことができます。あなたの調査にどのように生かせるのか考えてみましょう。

---

1. あなたの調査ではインタビュー相手のどのような背景を知ることが重要ですか。

2. あなたの調査にライフストーリーインタビューの手法を取り入れてみてください。質問の流れを考えましょう。

▶▶練習 3　インタビューした相手のライフストーリーをまとめて，相手に読んでもらいましょう

ライフストーリーインタビューは，それだけで報告書が作れるほどの情報をふくんでいます。インタビューをまとめて読み物（「ライフストーリー」）を作り，インタビューした相手に読んでもらい，感想を聞きましょう。

【ライフストーリーをまとめるポイント】

全体タイトルとセクションの小見出しを入れる：多くの人に読んでもらえる報告書にするには，タイトルと小見出しを注意して選ぶことが重要です。タイトルは報告書全体のなかで，そして小見出しはそのセクションのなかで，もっとも強調したいことです。表現を工夫してみてください。

文を整える：調査協力者のインタビューを報告書に入れる際，相手の話し方をそのまま使わずに，話のディテール（くわしい情報）を残したまま文章の流れを作ります。また，「〜と思う」「〜だという」「〜だそうだ」などの伝聞表現が続くと文章の流れが単調になります。意味がつうじるならば，これらはほとんどカットして問題ないでしょう。

発話文を効果的につかう：調査協力者の話し方をそのまま残して，ニュアンスを伝えたい場合，発話文をはさみます。ただし，発話文のなかには「えーっと」や「まぁ」のようにそれ自体に意味のないことば（フィラー，filler）がたくさん入っています。読みやすさを優先させて，フィラーは省略してもよいでしょう。

【例】勤め先の会社が建築関係の仕事ではなかったので，その理由をたずねると，彼は明るくこう言った。
「日本語，まだたりないから 1 回目は日本の建設会社面接は失敗しました」
失敗も明るく話すロンさんは，とても前向きでポジティブな人だと感じた。

＊学生の作成したライフストーリーインタビューのレポートはダウンロード版資料の⑬参照。

第7回

観察する・記録する

　　フィールドワークはインタビューだけではありません。現場を「見る」ことも大切です。「百聞は一見に如かず」というように，見ることで多くの情報を集めることができます。できるだけ現地の状況の観察を取り入れましょう。
　　観察では，最初は何を観察していいのか焦点が定まらないので，基本情報（日時，場所，参加者の人数など）を書いたら，あとは気になる点を何でも記録していきましょう。そして，慣れてきたら，何に焦点をあてたらよいのか考えて，くわしく記録していきましょう。

①メモを取る：

フィールドで観察したことをすばやくメモするために，小さめのノートやメモ帳をもっていくとよいでしょう。あとでフィールドの出来事を想起できるように，気づいたことをメモしていきます。写真は，本書の編者のひとりがフィールドワークで実際に使用したものです。メモはコクヨや無印良品が出している表紙のかたい手のひらサイズのメモ帳が使いやすいでしょう。

②写真，動画をとる：

できるだけ写真や動画でフィールドの様子を記録しておきましょう。その場では気づかなかったことも，あとで映像を分析することで見えてくることがたくさんあります。撮影の許可が必要な場所では，許可をとってから撮影してください。

③すぐに記録を整理し，気になったことを明確にする：

人間の記憶は，時間がたつほどあいまいになりますので，観察したことは，時間を空けずにまとめておきます。そのとき，興味深い点，気になった点を記録し，そこを掘り下げていきましょう。ノートの内容をまとめるとともに，写真や動画で注目すべき点も書いておきましょう。あとで検索するために，日時，場所，人物名，テーマなどを書いておくとよいです。個人情報をふくむデータは，パスワードをかけたり，鍵のかかる引き出しなどに保管しましょう。

●参与観察について ────

　　フィールドワークには，調査者自身がコミュニティーの活動に参加し，人びとと話しながらデータを収集する方法もあります（「参与観察」とよばれます）。たとえば，サークルに入部し，サークルメンバーの話を聞き，活動について教えてもらい，実際に自分も活動に参加してデータを集めるような場合です。参与観察は内部の情報をくわしく知るうえで役立ちます。皆さんの調査で参与観察が可能であればやってみましょう（ボランティアとフィールドワークの組み合わせは PartⅢ⑥佐藤章，⑦スレイター・池部章参照）。

●ノートの取り方（DIE 分析）

　　フィールドワークで観察ノートをつける際，観察した内容（描写・記録）と自分の解釈，価値判断を分けて書きましょう。事実と意見を混ぜて書いてしまうと，あとでデータの分析がむずかしくなり，研究の正確さが低くなります。異文化コミュニケーションの分析では，「DIE 分析」とよばれるものがあり，出来事を Describe（描写），Interpret（解釈），Evaluate（価値判断）に分けて分析します。こうした区別をフィールドノートの記述にも取り入れるとよいでしょう。

　　以下の例では，メモの左側にできごとの描写，右側に解釈や意見を書いています。

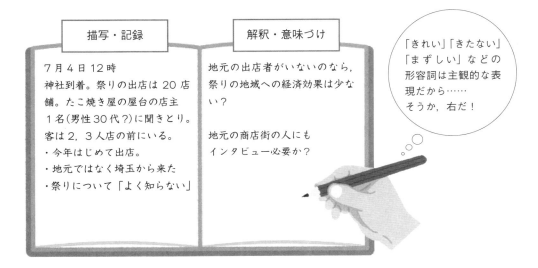

　　＊フィールドノートの具体例は Part III 参照。

▶▶練習 1：ノートの取り方を練習する
　皆さんのテーマに関係する場所に行って，フィールドノートを作成してください（DIE で書き分けること）。フィールドに行くことがむずかしい場合は，オンラインで写真，映像を検索して分析しましょう。

描写・記録	あなたの解釈・意味づけ

◉身の回りのことを記録し，分析する───────────────

　　　外に出かけて観察することがむずかしい場合は，身の回りで起きていることを
題材にして調査する方法を試してみてもよいでしょう。以下では，学生の田中さ
んの「コロナ禍における外出自粛生活の日誌」を例にあげて紹介します。田中さ
んは，コロナ禍での自粛期間中の日常のできごとと自分の感じたことを毎日記録
し，A）メディアからえた情報（日々の感染症関連のニュース），B）身の回りの
できごとの二つに分けて記述しています。

「コロナ禍における外出自粛生活の日誌」の例

日付	日常のできごと		自分の考え
	A）メディアからえた情報	B）自分の身の回りのできごと	
4/17	感染症対策の専門家が服は玄関で脱ぎ，すぐに洗うといった徹底した対策についてテレビで説明。	左のテレビの説明を見て，母はこれを実践しようと玄関にアルコールを置いたり，その日は服を玄関で脱いで洗ったりしていた。	専門家の言っていることは正しいと思うが，毎日は実践できないのではないか。母のやり方は長続きしないだろう。
4/18	ステイホームの人のための料理番組が多い。	近所のスーパーまで昼食の材料を買いに行った。	思ったより人が多い。大丈夫だろうか。

　　　何もおこっていない日常生活を漫然と記述するのでは，すぐに飽きてしまうの
で，自分が何らかの状況のなかで，苦労したり，もやもやした気持ち（自分でう
まく説明できない気持ち）をもっていたりするものをテーマとして選び，できご
とを記録して，自分の気持ちをふりかえってみるとよいでしょう。

　　例1：**新型コロナウイルス感染拡大などの大きな社会的な変化**と関連づけて，自
　　　　　分の身の回りの様子，自分の気分の変化を記録し，冷静にふりかえる。

　　例2：**他者とのコミュニケーションにおける自分のもやもやした気持ち**を記述し，
　　　　　冷静にふりかえる。例：家族，友人，アルバイト先のスタッフなど。

　　例3：**新たな活動のなかに巻き込まれる局面**，たとえば，**就職活動やボランティア，
　　　　　インターン**などにおけるもやもやした気持ちを言語化し，冷静にふりかえ
　　　　　る。

▶▶練習 2：身の回りのことを記録し，分析する

例 1 ～ 3 を参考にテーマを決めて，自分の身の回りのことを 3 日間記録してみてください。そして，日誌をクラスメートと共有し，コメントをもらいましょう。人に見てもらうことで，自分では気づかなかったパターンに気づくこともあります。おたがいに「このとき，あなたはなぜこう考えたのか」「なぜそういう行動をしたのか」と問いかけあってみましょう。

テーマ：(　　　　　　　　　　　　　　　　　　　　　　　　　　　　)

日付	自分の身の回りのできごと＊	考えたこと

＊日誌は短期間の記述だけでもふりかえりになりますが，できれば自分自身の変化を知るうえで，1 ～ 3 か月といった期間を想定して記述してみるとよいでしょう。

▶▶練習 3：テーマ別に整理する

日誌がたまったら，次の表のように頻度の高いテーマや要素に分けてグループ化してみると，データの傾向や特色が見えてきます。あなたの日誌をテーマ別に分類してみましょう。

【田中さんの「コロナ禍における外出自粛生活の日誌」のテーマ別分類】

日付	自分の身の回りのできごと			
	A）消毒	B）公園	C）閉店	D）他者の批判
4 月		4/11 昼 1 時間散歩した。人が増えている。		4/15 電車の中でマスクをしていない人が乗客と口論になっていた。
5 月	5/12 家の消毒液がなくなってしまった。	5/5 たくさんの親子連れが来て，川で遊んでいる。	5/30 行きつけの寿司屋に閉店の張り紙。	

時間の経過 →

← 見えてきた特色 →

第8回

ちょっと一息：実践例を読む

　本書では，ダウンロード版の資料として，学生が実際に行ったフィールドワークを14のテーマに分けて紹介しています。レポートを読むことで，学生たちがどのようなことを試行錯誤しながら学んでいったのかを理解することができ，フィールドワークの際，注意すべき点を知ることができます。
　気づいた点をあなた自身のフィールドワークにも取り入れていきましょう。

▶▶**練習：実践例を一つ選び，クラスで紹介しよう**
　以下のリストから興味のあるテーマを一つ選び，クラスで紹介し合いましょう。

【ダウンロード版資料　学生たちのフィールドワークの14の実施例】

	テーマ	発表の担当者
1.	恋愛	
2.	ことばを学ぶこと	
3.	国際交流	
4.	クラブ活動（1） クラブ活動（2）	
5.	食べること	
6.	買うこと	
7.	就職活動	
8.	若者の政治意識	
9.	宗教のふしぎ	
10.	アルバイト先の外国人労働者	
11.	街	
12.	文化イベント	
13.	外国出身者のライフストーリー	
14.	ホームレス	

【発表の流れ】（全部で 10 分程度）
各章の発表は以下のような流れで行います。

①**テーマについて話そう**：発表者が司会者となり，各章のテーマについてどのようなフィールドワークを行うことができるのか，質問にそってクラスでディスカッションを行い，各テーマでのフィールドワークのイメージをふくらませます。

②**フィールドワークの紹介**：次に発表者がフィールドワーク例を 3 分程度で説明します。

③**全体ディスカッション**：発表者が司会者となり，ディスカッションの設問にそって，クラスで意見を出し合います。

①【テーマについて話そう】

②【フィールドワーク例】

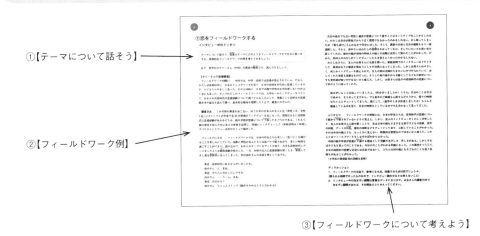

③【フィールドワークについて考えよう】

【ページの構成】
発表者用のメモ（話すことをメモしておく）

選んだ章：＿＿＿＿＿＿＿＿＿＿＿＿＿＿＿＿

・「テーマについて話そう」の設問に対する自分の意見

・フィールドワーク例の紹介のポイント

・「ディスカッション」の設問に対する自分の意見

第9回

インタビューの文字化とふりかえり

　インタビューの録音・録画データは，できるだけその日のうちに文字化して，ふりかえりましょう。文字化はインタビュー時間の2倍かそれ以上の時間がかかると考えて，計画的に行ってください。

文字化の例

調査テーマ：「高校時代の恋愛体験の調査」
インタビュー場所：学食
インタビュー協力者：クラスメートのAさん（大学2年生，法学部）
インタビューの日時と所要時間：10/11 12:30 ～ 13:25　（約1時間）

＊インタビュー時の状況や相手の様子：
Aさんは待ち合わせの10分前に来てくれて，少し緊張しているのか，表情が硬かった。Aさんとはクラスで知り合ったが，二人きりで話したことがほとんどなかったから，自分も緊張していた。学食は思ったよりうるさかった。録音の許可を取って，インタビューを始めた。

インタビューの主な質問
1　高校時代に恋愛をしましたか
2　親は恋愛に対して何か言いますか
3　学校は恋愛について何か言いますか

Aさんのインタビュースクリプト
調査者　　　　　　　ところで今つきあっている人，いますか。
協力者Aさん　　　　いや，いない。
調査者　　　　　　　高校のときは？
協力者Aさん　　　　高校時代は……。いましたね（笑）。
（以下，スクリプトが続く）

　スクリプトを作成したら，ふりかえりを書きます。できたことと，改善すべき点，もっと調べたい点などを書いておくと，次のインタビューに生かすことができます。

インタビューを実施した学生のふりかえり

インタビューで用意した質問を全部することができたが，相手の話を聞いて，追加の質問はあまりできなかった。A さんの答えをもっと深堀りする必要があると感じた。たとえば，A さんの育った家庭環境や親の意見について，もっと具体的に聞けばよかった。次回は，相手の答えをきいたら，そこからもっと具体的に掘り下げたい。

▶▶練習 1：インタビューを文字化・分析する

あなたのインタビューの録音データを文字化しましょう。そしてインタビューのふりかえりを書きましょう。

文字化のサンプルフォーマット

調査テーマ：
インタビュー場所：
インタビュー協力者：
インタビューの日時と所要時間：
インタビュー時の状況や相手の様子：

主な質問
1
2
3

インタビュースクリプト
調査者　　　　：
協力者 A さん：
調査者　　　　：
協力者 A さん：
調査者　　　　：
（録音の最後までスクリプトを作成）

インタビューのふりかえり：

●音声認識ソフトについて

　　文字化はフィールドワークのなかでも，時間がかかる作業です。近年では，音声認識ソフトの性能があがっていますし，無料で使えるものもありますので，どの程度使えるのか一度試してみるとよいでしょう。音声認識の精度は，録音の環境によって

違います。マイクに近く，静かな環境で，はっきりした声で録音すると，精度が高くなりますが，複数での会話や雑音が多い環境では，精度が低くなります。このため，自分で録音データを聞いて，チェックして，違っているところがあれば修正することが大切です。

◉インタビューのふりかえり

　調査というと，調査者が客観的な立場から現地の人びとを観察し，情報を収集する，というイメージがあるかもしれませんが，あなたの存在自体がフィールドに入った瞬間から，相手に影響をあたえます。あなたの聞き方によっては，相手を傷つけてしまうこともあります。調査中の相手の反応が気になったら，よくふりかえってみましょう。たとえばダウンロード版資料の①では留学生のテリーさんは以下のようにふりかえっています。

> 女性の友人に恋愛経験を聞くとき，緊張して少し変な雰囲気になってしまった。（中略）自分の彼女でもない異性と過去の恋愛について話すことはセンシティブなことかもしれない。自分が男性だからうまく質問できなかったのかもしれない。

　テリーさんがふりかえっているように，友人にインタビューする場合でも，テーマによって微妙な緊張感が生まれたり，相手が居心地がわるいと感じたりすることがあります。テリーさんの例では，相手が話しにくそうにしていた理由は，高校時代の外国人のボーイフレンドが関係していました。テリーさんは自分自身が外国出身だったことから話しにくかったのではないかとふりかえっています。

▶▶練習2：気まずい状況をふりかえる

　インタビューの中で調査協力者との関係はどうでしたか。アポ取りに苦労したり，インタビュー中に緊張したり気まずい雰囲気になったことがありましたか。あるいは質問の中で相手が答えにくそうにしていたものがありましたか。友人にインタビューした人も「当然すべてがうまくいった」と考えずにふりかえってみてください。

状況：
理由についての考察：

▶▶練習3：相手が語らなかったことを考える

インタビューの相手が言ったことだけでなく，言わなかったことについても考えてみましょう。小田（2010: 160）が述べているように，フィールドワークでは「言葉にされないことへの想像力」をもつことも大切です。たとえば，ダウンロード版資料の⑤リュウさんの「食べることをフィールドワークする」では，女子大学生のやせ願望について調べていますが，リュウさんはインタビューの相手がグループの場合，ピアプレッシャーから本当のことを言っていないのではないかと感じて調査の途中からは一人ですわっている学生を選んでいます。また，Part III の③川村章では，インタビューの答えを比較して，相手が言ったことだけでなく，「言わなかったこと」を分析しています。

あなたのインタビューデータを分析し，そこで語られなかったかもしれないことについて考えてみましょう。また，わからなかったことを知るために，どのようなフォローアップ調査ができるか考えましょう。

相手が語らなかったこと：

原因について（考察）：

● フォローアップ調査 ―――――――――――――――――――

　1回のインタビューだけではなかなか深いところまで聞けないので，可能であれば，同じ人にフォローアップインタビューを行うとよいでしょう。最初は緊張してインタビューがうまくいかなかった場合でも複数回行うことで前よりもリラックスして話してもらえる場合もあります。また，観察調査においても，何度も現場に足を運んで観察することにより，最初は見えなかったことが見えてきます。たとえば，夜に訪問したときにはわからなかったことが，日中に観察することで見えてきます。必要に応じて，場所や時間を変えて，フォローアップ調査をするとよいでしょう。

第10回

調査結果をまとめる

　フィールドワーク中は，インタビューや観察，活動への参加などをつうじて，さまざまなデータが集まってきます。ある程度データが集まったら，整理して表にしましょう。そして，大切な情報が何かを吟味して，結果をまとめましょう。

▶▶練習1：データを整理しましょう
　フィールドワークの結果をまとめる際，まずは個別のデータ（インタビューデータ，時系列のフィールドノートなど）を何度も読み直してみましょう。次にデータを整理して，一覧表にまとめます。

【田中さんが作成した「外国人の就職活動調査」のインタビューサマリーの例】

協力者	相手の背景	インタビューのサマリー
Aさん	法学部4年生 中国出身 女性	就職活動で苦労している点は，留学生には情報が入りにくいこと，いつも日本語力をチェックされること，Webテストがむずかしいこと。 生の声1「どうしても留学生は日本語で評価されるんですよね」 生の声2「本何冊も買って勉強してもWebテストが受からない」
Bさん	文学部3年生	就職活動に苦労しなかった。3年生のインターンシップで内定をもらい，4年生の今はオフィスで働いている。もう半分社会人気分だという。 生の声1「早めにインターンシップで決まるとあと1年楽しく過ごせるよ」 生の声2「できる人は早め早めに動いてる。これからはもっとそう」

　個別のインタビューデータと一覧表を行ったり来たりして，データから一定のパターンが見えてきたら，見出しをつけてカテゴリー化（コード化）します。

【田中さんが作成したカテゴリーの例】

インタビューの中の重要なテーマ			
①説明会での苦労	②日本語力の苦労	③Webテストの苦労	④面接の苦労
例：□□□□□□ □□□□□	例：□□□□□□ □□□□□	例：□□□□□□ □□□□□	例：□□□□□□ □□□□□

　また，インタビューや観察結果だけでなく，調査で集めた写真，映像，現地で集めた資料などもチェックし，データ間の関連づけや比較を行います。

▶▶練習 2：当事者の「生の声_{なま}」を伝える

調査結果のまとめでは，抽象的なカテゴリーを提示するだけでなく，それをサポートするための具体例（調査協力者の背景や生の声）を紹介しましょう。以下の例は，外国人留学生の就職活動の苦労として，留学生の背景と声を紹介しています。

> 文学部 4 年生のリーさんは筆者の友人で，4 月から就職活動を始めてもう 5 か月になる。リーさんは厳しい表情で次のように語り始めた。
>
> 　何が大変って，グルディス，これが一番大変。日本人といっしょに議論をするのは，スピードも必要だし，ディスカッションに途中で入るの，むずかしい。

あなたがレポートの中で，調査協力者の生の声を伝えるとしたら，どのような発言を選びますか。三つ選んで書いてください。

1.
2.
3.

▶▶練習 3：最初の問い（研究設問）にもどって考える

最初に立てた研究設問は漠然としていることが多いので，データが集まってきてからもう一度チェックして，必要があれば修正してください。

修正例：「留学生の就職活動の実態調査」
→「留学生の就職活動が困難な理由：留学生のインタビューから」

あなたの当初の研究設問：
修正（必要があれば）：

▶▶練習 4：新しい気づきを考える

調査を通じて何が新しくわかったのかを明確にすることも大切です。調査をはじめる前の予想とフィールドワークをつうじてわかったことを比較してください。

あなたの当初の予想：
フィールドワークをつうじてわかったこと・発見：

第11回

発表の準備とふりかえり

　　調査データがまとまったら，発表のレジュメを作成しましょう。以下のレジュメは，発表スライドやレポートの見出しとしても使えます。また，結果をまとめる段階になったら，調査全体のふりかえりも行いましょう（ふりかえりは次のページ参照）。

▶▶練習1：発表のレジュメを作る

	見出し（例）	説明	箇条書きのメモ
1.	はじめに（背景情報 問い）	テーマを選んだ理由	
		背景情報（新聞記事，統計，論文などからとくに自分の調査と関係のあるものを入れる）	
		・中心となる問い ・調査をはじめる前に予想したこと	
2.	調査方法（5W1H）	調査期間，調査地，調査協力者の一覧表，調査項目，調査方法	
3.	フィールドに入るプロセス（調査初期の状況）	・調査をはじめたときの状況（困難だった点など） ・調査協力者との関係性 ・フィールドでだんだんと見えてきたこと	
4.	わかったこと	・調査結果の重要な点をまとめる ・インタビュー協力者の生の声を伝える（重要なものを選ぶ） ・最初の予想との違いや発見を伝える（★フィールドワークで深く調べることでわかったことは何か）	
5.	ふりかえり	・あなた自身とこのテーマとのかかわりについて述べる。 ・今後，フィールドワークの経験をどのように生かすことができるのか述べる。	次ページ
6.	参考文献	論文，図書，新聞記事，統計など	

▶▶練習 2：フィールドの人びとと自分のかかわりをふりかえる

調査をするとき，しばしば，自分のよく知らないグループの人びとに興味をもち，話を聞きたいと考えます。そして，結果をまとめる際，自分とは関係のない「かれら」の話を書こうとします。しかし，そうした「かれら」について書いている自分自身は，かれらとはどのような関係だったのでしょうか。ふりかえってみましょう。

問い：この調査におけるあなたの立場は，外部者でしたか，内部者でしたか。はっきり分けることができますか。調査によってあなたの立場や気持ちに変化がありましたか。

以下の例は，学生のグループが行った「秋葉原での「オタク」」のインタビュー調査のふりかえりの一部です。学生たちのなかには，自分が内部者に近いと感じた人もいれば，外部者だと感じた人もいます。記述を読んで，自分のふりかえりの参考にしてください（下線部での強調は筆者による）。

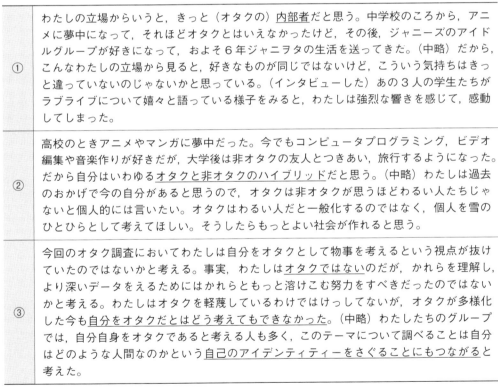

①	わたしの立場からいうと，きっと（オタクの）<u>内部者</u>だと思う。中学校のころから，アニメに夢中になって，それほどオタクとはいえなかったけど，その後，ジャニーズのアイドルグループが好きになって，およそ 6 年ジャニヲタの生活を送ってきた。（中略）だから，こんなわたしの立場から見ると，好きなものが同じではないけど，こういう気持ちはきっと違っていないのじゃないかと思っている。（インタビューした）あの 3 人の学生たちがラブライブについて嬉々と語っている様子をみると，わたしは強烈な響きを感じて，感動してしまった。
②	高校のときアニメやマンガに夢中だった。今でもコンピュータプログラミング，ビデオ編集や音楽作りが好きだが，大学後は非オタクの友人とつきあい，旅行するようになった。だから自分はいわゆる<u>オタクと非オタクのハイブリッド</u>だと思う。（中略）わたしは過去のおかげで今の自分があると思うので，オタクは非オタクが思うほどわるい人たちじゃないと個人的には言いたい。オタクはわるい人だと一般化するのではなく，個人を雪のひとひらとして考えてほしい。そうしたらもっとよい社会が作れると思う。
③	今回のオタク調査においてわたしは自分をオタクとして物事を考えるという視点が抜けていたのではないかと考える。事実，わたしは<u>オタクではない</u>のだが，かれらを理解し，より深いデータをえるためにはかれらともっと溶けこむ努力をすべきだったのではないかと考える。わたしはオタクを軽蔑しているわけではけっしてないが，オタクが多様化した今も<u>自分をオタクだとはどう考えてもできなかった</u>。（中略）わたしたちのグループでは，自分自身をオタクであると考える人も多く，このテーマについて調べることは自分はどのような人間なのかという<u>自己のアイデンティティーをさぐる</u>ことにもつながると考えた。

（村田 2018 から）

●**結果の共有・フィールドへの還元**

　　フィールドワークの結果は，調査に協力してくださったみなさんに何らかの形で共有するようにしましょう。相手と共有し，フィードバックをもらうことで，あなたの調査が現場の人にとってどのような意味があるのかを知ることができます。

　①**発表会への招待**：発表会に，フィールドでお世話になった人びとを招待することで，感謝の気持ちを表し，調査結果を共有することができます。

　②**紹介記事の作成**：オンラインのニューズレターによる記事発信（地域紹介など）は，地域の街おこしのための情報を提供し，地域の広報として役立つ可能性があります。ダウンロード版資料の⑫では，学生たちが地域の文化イベントを取材し，イベントの主催者（NPO 法人）の許可をもらったうえで，その内容をオンラインで発信しています。また，資料の⑬の学生のライフストーリーは，レポートとして作成されたものですが，調査協力者の許可をえられれば，内容を読み物として広く発信することも可能でしょう。

　③**動画作成**：動画作成をつうじた発信に興味のある人は，Part III の②プレフューメ・村田章が参考になります。この章では国際学生と国内学生が行った被災地の人びとのインタビュー，動画作成のプロセスとその意義を紹介しています。また，⑦スレイター・池辺章では国際学生と国内学生によるホームレス男性たちのインタビューのデジタルアーカイブ化を紹介しています。どちらもフィールドの人びとの許可をもらって，現場の人びとの生の声を記録し，発信する具体的なとりくみです。

　④**ボランティア活動とフィールドワーク**：フィールドへの還元として，ボランティア活動とフィールドワークを同時に行う方法もあります。ダウンロード版資料の③，⑫，⑭の活動は，ボランティアとフィールドワークをくみあわせた例です。

●**さまざまな結果の発信方法**

　　フィールドワークの結果をまとめたら発表会で報告したり，レポートを作成することが多いと思いますが，プロジェクトによっては成果物として動画や記事を作成する場合もあります。本書ではさまざまな結果の発信方法を紹介していますので，興味のある発信方法の具体例を読んでみましょう。調査結果の発信は，自分の頭のなかにあるものを，聞き手，読み手のことを考えて整理し，伝える訓練であり，次のようなさまざまなコミュニケーションスキルを高めることができます。

【さまざまな発信を通じたコミュニケーション力の向上】

	発信の方法	コミュニケーション力の向上	具体例
①	発表	・聞き手のことを考えて，フィールドワークの結果を簡潔に，相手が興味をもつような形でまとめ，発信する力が向上する。 ・聞き手からの質問に対応し，ディスカッションする力が向上する。	Part III ③川村章 ④青木章 ⑤高柳章 ⑥佐藤章
②	動画作成と発信	・フィールドワークで録画したデータを，視聴者のことを考えて編集し，相手に伝わるような形で発信する力が向上する。 ・動画の撮影，編集，字幕，翻訳などのスキルを身につけることで，多様な言語文化的背景をもった人びとに情報発信する力が向上する。	Part III ②プレフューメ・村田章 ⑦スレイター・池辺章
③	記事作成と発信	・一般読者を意識してフィールドワークで調べたことをまとめることで，文章と写真でわかりやすく伝える力が向上する。	ダウンロード版資料の⑫
④	レポートの作成	・読み手（教員，クラスメート）を意識して，フィールドワークをレポートとしてまとめることで，わかりやすく論理的な文章力，表現力を高めることができる（アカデミックライティングの力が向上する）。	Part III ダウンロード版資料の⑬，⑭

第12-14回

発　表

●発表の練習とパワーポイントの作成 ─────────────────

　　第11回のレジュメにしたがって発表用のパワーポイントを作ってみましょう。発表で大切なことは，自分が調べたことを一方的に伝えるのではなく，聞き手の立場に立って準備することです。聞き手を想像して，相手がおもしろいと感じるような発表になるように練習しましょう。スライドを作成するときは，文章はなるべく少なくして，適所に写真を入れると発表が伝わりやすくなります。発表時間に余裕がある場合は，現地で撮影した動画を少し見せると，フィールドの様子が伝わります。

発表タイトル	発表のアウトライン	1.　はじめに
＊発表時間は（　　）分 ＊スライドは（　　）枚まで ＊フィールドの写真を入れること 発表者氏名	1.　はじめに（背景と問い） 2.　調査方法 3.　フィールドに入る 4.　わかったこと 5.　ふりかえり	・このテーマに興味をもったきっかけ ・このテーマの社会的な背景 ・研究設問（大きな問い）
1	2	3
2.　調査方法	3.　フィールドに入る	4.　わかったこと
・5W1H 調査時間： 調査場所： 調査対象： 調査項目： 調査方法：	・フィールド開始時の状況 ・調査でうまくいかなかったこと，緊張したこと，失敗したことなど ・調査の途中でわかってきたこと（方向転換などもOK）	・全体としてわかったこと ・ケーススタディ（重要な生の声を紹介する） ・新しい気づきや発見は何か
4	5	6
5.　ふりかえり	参考文献	
・自分の調査における立場 ・自分はこのテーマとどのような関係があるか ・今後にどう生かすか	・図書 ・論文 ・新聞・雑誌記事 ・インターネットの情報（リンクとアクセス日を入れること）	
7	8	

注）発表時間に余裕があれば「先行研究と本研究の違い」をくわえます。また，「フィールドに入る」は「調査プロセス」，「わかったこと」は「調査結果の分析」としてもよいです。

●発表の評価の例

　以下，発表の評価の例です。教員の評価基準を確認して，発表前に自分の発表が授業の目標にそったものになっているかチェックしましょう。

評価項目		非常によい	よい	たりない	評価不能
発表の内容と構成	1. はじめに・研究の動機・社会的意義・背景情報・研究の問い	必要な要素がすべて入っており，調査の意義と目的（研究設問）が明確にわかる。	必要な要素がだいたい入っている。調査の意義と目的（研究設問）がだいたいわかる。	必要な要素がたりない。調査の意義と目的（研究設問）がはっきり伝わらない。	評価基準に達していない。
	2. 調査方法（5W1H）	調査方法を明確に示している。	調査方法を示している。	調査方法の情報がたりない。	評価基準に達していない。
	3. フィールド初期の状況のふりかえり	フィールド初期の状況を深くふりかえっている。	フィールド初期の状況をふりかえっている。	ふりかえりがたりない。	評価基準に達していない。
	4. わかったこと	結果の重要な点を明確に提示するとともに，事例を効果的に提示している。	結果の重要な点を提示するとともに，事例を提示している。	結果の重要な点を提示しているが，たりないところがある。	評価基準に達していない。
	5. 全体のふりかえり	自分とテーマとのかかわり，この経験をどのように生かすのかを，明確に述べている。	自分とテーマとのかかわり，この経験をどのように生かすのか，述べている。	自分とテーマとのかかわり，この経験をどのように生かすのかが十分に述べられていない。	評価基準に達していない。
独自性	内容の独自性，おもしろさ	独自性が非常に高く，興味深い。	独自性があり，興味深い。	独自性が足りない。	評価基準に達していない。
伝達力	聞き手への伝え方（わかりやすく効果的な発表）	下の項目を5～6個達成している。	下の項目を3～4個達成している。	下の項目を1～2個達成している。	評価基準に達していない。
		□ 見やすいスライド　□ アイコンタクト　□ 写真・映像	□ 声の大きさ　□ Q＆Aの対応　□（	□ スピード　□ 時間の管理　　　）	
	あなたが決めた基準				評価基準に達していない。

教員やクラスメートからのコメント：

第15回

最終レポート（ミニエスノグラフィー）

　　最後に学生が作成した学期末のレポート（「ミニエスノグラフィー」）の構成例をあげておきます。エスノグラフィーとは，フィールドワークの結果をまとめたものを指します。ここでは学生のフィールドワークの結果をまとめた2000字程度のレポートを「ミニエスノグラフィー」とよびます。

　　ミニエスノグラフィーの構成は，発表レジュメと同じです。ミニエスノグラフィーでは，結果のまとめだけでなく，自分がフィールドワークで人とかかわることで何を学んだのか，今後この経験がどのように生かせるのかまできちんと記述するようにしましょう。

タイトル

氏名（学生番号）

1.　はじめに：背景と問い

2.　調査方法（5W1H）

3.　フィールドに入るプロセスと試行錯誤（フィールド初期の状況のふりかえり）

4.　調査結果

5.　ふりかえり・今後に活かせること

6.　参考文献

別添資料
（調査計画表，参考文献のまとめ，インタビュー文字化例，データまとめ表）

　　＊レポートの3，5の項目に関しては，Part III の⑪村田章，ダウンロード版資料の
　　学生のふりかえりレポート参照。

●最終レポート（ミニエスノグラフィー）の評価ポイントの例 ────────

　レポートの評価例を載せておきます。評価ポイントを教員に確認し，提出する前に自分のレポートが評価基準を満たしているか確認しましょう。

	評価ポイント
1. はじめに（背景と問い）	□ なぜこの調査を行うのか個人的な興味とともに，テーマの社会的な重要性が述べられている。 □ 参考文献があげられており，自分の調査とどのような関係にあるのか記述されている。 □ この調査で何を知りたいのか，大きな問い（研究設問）が明確に書かれている。
2. 調査方法	□ 5W1H で調査方法が記述されている。 □ 調査協力者（仮名）のリストが入っている。
3. フィールドに入るプロセスと試行錯誤	□ フィールドに入ったときの状況が書かれている（よいことばかりを強調せず，困難だったこと，違和感をもったり，緊張したりしたことの内省がなされている）。 □ 調査のなかでの試行錯誤，徐々にわかってきた点が書かれている。
4. 調査結果	□ わかったことがまとめられている。 □ フィールドの文脈をきちんと描いている（例：調査協力者の背景，生の声を入れている）。 □ 自分の当初の予想と違ったこと，フィールドワークをつうじた発見が書かれている。 □ （大学3，4年生の場合）自分の調査結果がこれまでの先行研究とどのような関係にあるのか，自分の調査のオリジナリティーがどのようなものかが書かれている。
5. ふりかえり	□ 調査テーマやフィールドの人びとと自分がどのようにかかわっていたのか，ふりかえりができている。 □ さまざまな調査法があるなかで，「フィールドワーク」の強みとはどのような点なのか，今回の調査経験をふまえて書かれている。また，今後この経験をどのように生かしたいのかが書かれている。
参考文献	□ 参考文献のリストが適切な形でのせられている。
添付資料	□ 調査計画書，文字化資料（例として一つ），フィールドで撮影した写真で重要なもの，データのまとめ表など，教員によって決められた資料がついており，きちんとフィールドワークをしたことがわかる。

フィールドワークを知るための文献

井上　真［編］(2006).『躍動するフィールドワーク──研究と実践をつなぐ』世界思想社

小田博志 (2010).『エスノグラフィー入門──〈現場〉を質的研究する』春秋社

岸　政彦・石岡丈昇・丸山里美 (2016).『質的社会調査の方法──他者の合理性の理解社会学』有斐閣

小林孝広・出口雅敏［編］(2010).『人類学ワークブック──フィールドワークへの誘い』新泉社

桜井　厚 (2002).『インタビューの社会学──ライフストーリーの聞き方』せりか書房

佐藤郁哉 (2002).『フィールドワークの技法──問いを育てる，仮説をきたえる』新曜社

佐藤慎司・村田晶子［編］(2018).『人類学・社会学的視点からみた過去，現在，未来のことばの教育──言語と言語教育イデオロギー』三元社

菅原和孝［編］(2006).『フィールドワークへの挑戦──〈実践〉人類学入門』世界思想社

中嶌　洋 (2015).『初学者のための質的研究 26 の教え』医学書院

原尻英樹 (2006).『フィールドワーク教育入門──コミュニケーション力の育成』玉川大学出版部

藤田結子・北村　文［編］(2013).『現代エスノグラフィー──新しいフィールドワークの理論と実践』新曜社

箕浦康子［編］(1999).『フィールドワークの技法と実際──マイクロ・エスノグラフィー入門』ミネルヴァ書房

箕浦康子［編］(2009).『フィールドワークの技法と実際 II──分析・解釈編』ミネルヴァ書房

箕曲在弘［編］(2022).『新大久保に生きる人びとの生活史──多文化共生に向けた大学生による社会調査実習の軌跡』明石書店

箕曲在弘・二文字屋脩・小西公大［編］(2021).『人類学者たちのフィールド教育──自己変容に向けた学びのデザイン』ナカニシヤ出版

村田晶子 (2017).「異文化協働プログラムの両義性と境界線──境界線を乗り越えるための教育デザインの実践分析」『異文化間教育』46: 30–46.

村田晶子［編］(2018).『大学における多文化体験学習への挑戦──国内と海外を結ぶ体験的学びの可視化を支援する』ナカニシヤ出版

Bernard, H. R. (2006). *Research Methods in Anthropology: Qualitative and Quantitative Approaches*. Walnut Creek: AltaMira Press.

Clifford, J., & Markus, G. E. (eds.)(1986). *Writing Culture: The Poetics and Politics of Ethnography*. Berkeley, CA: University of California Press.

Geertz, C. (1973). *The Interpretation of Culture: Selected Essays*. New York: Basic Books.

Malinowski, B. (1984). *Argonauts of the Western Pacific: An Account of Native Enterprise and Adventure in the Archipelagoes of Melanesian New Guinea*. Illinois: Waveland Pr Inc.

Marcus, G. E., & Fisher, M. M. J. (1986). *Anthropology as Cultural Critique: An Experimental Moment in the Human Sciences*. Chicago, IL: The University of Chicago Press.

Part II
ワークシートの使い方

準備指導（第1回〜第3回）

　　フィールドワークの準備指導として，まずワークシート（第1回〜第3回）を用いてフィールドワークの特色を確認します。そして，調査のテーマ選び，調査計画書の作成，調査テーマの情報収集などを指導していきます。

◉初回の授業のアイスブレイク（p.2–3）

　　フィールドワークでは学生たちの主体的なとりくみの姿勢，そして人とかかわりながら調査していく力を育てていくことが重要になります。したがって，授業でもできるかぎり学習者中心の活動（ペアやグループでのディスカッションなど）を取り入れていきます。最初の授業では，学生たちをグループに分け，メンバーがおたがいのことを知り，グループで意見を交換しやすい雰囲気を作るためにアイスブレイクの時間を十分に取ります。アイスブレイクの際にグループリーダーと書記を決めてもらい，自分たちでグループ運営をしていくという意識をもたせるとよいでしょう。また，国内学生と国際学生の混合グループの場合は，クラスでの話し合いの際の共通の言語や複数の言語の使用についても話し合うとよいでしょう。

◉第1回　フィールドワークって何？

質的な調査と量的な調査の違いを理解させる（シート p.4）

　　授業では，フィールドワークを理解するために，シートを用いてまず質的な調査と量的な調査の違いを確認します。学生の中には，フィールドワークをアンケート調査だと考えている人がいるかもしれませんので，それぞれの違いを最初に理解してもらうことが大切になります。

フィールドワークの流れをつかませる（シート p.5）

　　次にシートを用いて学生に具体的なフィールドワークの流れを理解してもらいます。フィールドワークには，ある程度の時間が必要になりますので，学生たちにあらかじめ課題が多い時期を知らせておき，その時期にはほかの用事をあまり入れておかないようにアドバイスします。

調査テーマを選ばせる（シート pp.6–7）

　　次にテーマを選ばせます。最初から興味のあるテーマが決まっている学生もいますが，なかなか定まらない学生もいます。迷っている学生には，シートを用いてさまざまなテーマについて考えさせたり，学生の興味のある分野を聞いて，アドバイスをするようにします。そして，学生がテーマを選んだら，そのテーマがフィールドワークとして適切なものかどうかフィードバックするとともに，チェックリストを用いて自己チェックをさせたり，グループで話し合わせたりします。

フィールドワークの三つの柱を理解させる（シート pp.8–9）

　　学生の調査計画を見ると，インタビューに重点をおくことが多く，現地観察にはあまり注意

が向きません。そこで，シートに示したように，フィールドワークの成り立ちと三つの特色（見る，聞く，参加する）を確認します。そして，現地に行って観察すること，現地で何らかの活動に参加しながら，データを集めることの意義についても言及する必要があります。シートを用いて，学生が三つの活動をできるかぎり組み合わせてフィールドワークを行うようにアドバイスするとよいでしょう。

◉第2回　計画を立てる

調査計画（シート pp.10–11）

　フィールドワークのテーマと実施方法について，調査計画書を作成することを通じて具体的に考えていきます。シートの記入は宿題として出しておき，クラスではペアか小グループで学生がおたがいの計画表について質問，コメントをする時間をとるとよいでしょう。

　計画表の中で，学生たちがとくにむずかしく感じるのは研究設問（リサーチクエスチョン）ではないかと思います。学生の研究設問は漠然としたものになりがちですので教員が問いかけを行ったり，例をあげたりしながら，設問が具体的なものになるように支援をします。設問が具体的に立てられない場合は，調査をいつ，どこで，誰に行うのか，そして，何を調べるのかなどを書いてもらってから，研究設問を考えさせてもよいでしょう。

　学生が調査計画書を作成したら，シートの「ダメダメ調査計画のチェック」を用いて点検させます。また，pp.12–13のシートに学生の計画表の例を載せていますので，事前にチェックさせ，問題点を見つける練習をさせます。

発表会（シート p.13）

　学生の計画書の作成が終わったら，クラス全体での発表会の時間を設けます。発表は各自／各グループで5–10分程度で簡潔に行ってもらい，質疑応答に十分な時間を取るとよいでしょう。たとえば，筆者のクラスでは，学生に5W1Hで内容を簡単に板書させ5分程度の発表をさせた後で，質疑応答の時間を10分ほど取り，クラスの学生からアドバイスやコメントを出してもらい，教員もフィードバックします。

計画表の修正（シート p.13）

　発表会が終わったら，学生にフィードバックをふまえて計画表を修正するように指示します。せっかく発表会でクラスメートや教員からコメントをもらっても，それを取り入れずに最後まで調査を進めてしまう学生もいます。クラスメートや教員のフィードバックをしっかりと受け止め，よいアドバイスは取り入れていくことが大切であることを学生に伝えておくとよいでしょう（評価項目に「改善力」を入れておくという方法もあります）。

◉第3回　情報を集める

文献の検索（シート p.14）

　次に調査テーマに関する文献を収集します。一般的な検索エンジンを使った検索には慣れていても，アカデミックな文献の検索に慣れていない学生もいますので，最初に基本的な文献検索の方法を授業で示してから，学生に文献検索をしてもらうとよいでしょう。

検索のデモ（シート p.14）

　まず，オンラインの検索エンジンの画面を見せます。そして，学生に調査テーマと関係するキーワードをあげてもらい，それを入力して，実際に文献を検索していきます。最初は学生が気軽に検索することができる Google などのよく使われている検索エンジンを用いるとよいでしょう。

　学生にキーワード検索をさせると，Wikipedia や個人のブログの情報を参照する人もいるかもしれません[1]。シートに書いてあるように，キーワードにくわえて，「論文」，「統計」，「新聞記事」などの言葉も入れて検索するようにアドバイスします。

　また，「論文」で検索した際に，学会誌の査読付き論文，大学の紀要，学部生の卒業論文などさまざまなタイプのものが見つかります。どのタイプの文献が信頼性が高いのか，参考になるのかを考えさせたり，教員がコメントするとよいでしょう。

文献データベースの紹介（シート p.15）

　一般的な検索エンジンでの文献検索に慣れてきたら，より専門的な文献検索のデータベースを紹介します。たとえば，比較的使いやすい J-Stage や CiNii などの文献データベースでまず検索させてみます。また，大学で発行しているスタディーガイドにも基本的な文献検索の方法が書かれている場合が多いので確認させます。

文献リストの作成（シート pp.16–17）

　文献を検索したら，それらを読んで，調査テーマに関連した情報をまとめておくことが大切になります。文献リストを作成し，内容をまとめるのにはある程度の時間がかかります。学生によっては負担に感じるかもしれませんので，読む文献の数の目安を示すとよいでしょう。筆者は初年度の学生の場合は，最低限五つぐらいの文献を読むように伝えています。学生はオンラインで入手できる文献を集めがちですが，テーマに関して，体系的な情報をえるために，できれば，図書も一つは入れるようにアドバイスします。

1）Wikipedia の場合は，そのまま引用するのではなく，掲載されている「関連書籍」をチェックするようにアドバイスするとよいでしょう。

実施指導（第4回～第8回）

　調査計画の作成と参考文献からの情報収集が終わったら，具体的なフィールドワークの指導に入ります。学生にまずインタビューの質問リストを作成してもらい，クラスでチェックします。それが終わったら，インタビューの練習，相手へのアポの取り方，取材の準備，調査のマナーなどについて教えていきます。

◉第4回　インタビューの質問を作る ─────────────────────

半構造化インタビューの理解（シート pp.18–19）

　授業ではインタビューの種類とそれぞれの長所，短所について確認したうえで，フィールドワークでは半構造化インタビューを用いることが多いことを理解させます。そして，インタビューの注意点について練習1で確認します。

質問の作成とグループチェック（シート pp.20–21）

　次に練習2で学生にインタビューの質問を作成させ，練習3で自分の質問の流れをチェックさせます（インタビューの質問は，あらかじめ宿題として作成させておくとよいでしょう）。そして，練習4でペアかグループでおたがいの質問をチェックします（質問内容がわかりやすいか，答えることができるものになっているかなどをチェックするように指示します）。ペアやグループを何回か交換して，さまざまな学生からフィードバックをもらいます。筆者の経験では，学生たちはこの活動に非常に熱心にとりくみますし，クラスメートからのアドバイスを通じて多くのことを学ぶことができますので，十分な時間を取っておくとよいでしょう（筆者の授業では相互チェックのグループワークに1時間程度の時間を取ります）。教員は授業中に個別の学生へのフィードバックの時間が取れない場合はオンラインの授業支援システムなどを用いてフィードバックします。

◉第5回　インタビュー調査のマナーと準備 ─────────────────

調査協力依頼書を作成（シート pp.22–23）

　学生が実際に調査を開始する前に，調査の基本的な倫理を学んでおく必要があります。そこで，まず学生にシートの見本を参考に調査協力依頼書と同意書を作成してもらいます。そして，こうした手続きがなぜ大切なのか，調査の倫理，調査のマナーについて確認します。

＊所属機関によっては，学生の調査計画の事前審査を行うところもあります。その場合は早めに学生に調査計画書，インタビューの質問リスト，調査協力依頼書などの審査に必要な書類を作成させ，所属機関に提出させます。

インタビューの練習（シート pp.24–25）

　次にペアになり，シートの流れに沿ってインタビューの練習をさせます。そして，インタビューが終わったら，チェックリストを用いて学生にインタビューのふりかえりをさせます。学生にはスマートフォンなどを用いて，自分のインタビューの録画をするように指示するとよいでしょう。学生はインタビュー録画を見直すことで，自分の質問の仕方，目線，傾聴姿勢，フォローアップの質問の有無，相手の様子など，さまざまな点を意識するようになりますので，自己改善につながります。

本番のインタビューの準備（シート pp.26–27）

　インタビューを実施するにあたり，アポ取りや録音機材の確認などさまざまな留意点がありますので，チェックシートを用いて準備すべきことを確認させます。

　グループでインタビューを行う場合は，シートに示したように，役割分担を行い，インタビューの質問の担当者，メモの担当者，録音の担当者など，担当を決め，協力体制を整えておくと，スムーズに進みます。

　また，インタビューが終わったらそのままにせず，すぐに調査協力者にお礼状を出すように伝えます。調査協力者に調査結果を共有することも大切なので，どのような情報共有ができるのか，たとえば，最終発表会に招待したり，レポートを送るなど，学生に方法を考えさせることも大切になります。

◉第6回　ライフストーリーインタビュー

ライフストーリーインタビューの練習（シート pp.28–29）

　ライフストーリーインタビューは相手の生い立ちやこれまでの人生について時系列で語ってもらうインタビューの手法で，聞き手は話し手と対話しながら，相手の人生について学んでいきます。調査協力者の背景をしっかりと聞き取る練習になりますので，さまざまなテーマでの調査にライフストーリーインタビューのスキルを生かすことができます。ペアでインタビューを練習するとともに，学生に自分の調査にライフストーリーインタビューの手法をどのように応用できるのか考えさせるとよいでしょう。

　また，時間があれば，練習3に示したように，ライフストーリーインタビューの結果をまとめて，ライフストーリーを作成させます。学生はこの作業を通じて，調査結果をどのようにまとめるのか，読み手にどのように伝えるのかといったことを意識するようになります。さらに作成したライフストーリーをパートナーに渡して，読んでもらうとよいでしょう。そうすることで，学生は相手のストーリーをまとめるだけでなく，自分がインタビューで語ったことがパートナーによってどのように文章化されるのかを知ることになります。学生の反応はさまざまで，他者によって語られる自分の人生に感動する人もいれば，違和感をもつ人もいます。おたがいの感想を話し合う場を設けることは，学生たちが調査協力者の視点からインタビューを捉えなおすことにつながります。

　留意点として，ライフストーリーインタビューでは，個人的な話を聞くことになりますので，場合によっては相手がくわしく話すことを拒否する場合もありますが，それも重要な学びの機会となります。学生にライフストーリーインタビューをふりかえってもらう際に，緊張したり，気まずい状況があったかどうか，その場合にどのように対応したらよかったのかなど，相手を尊重しながら対話する方法を考えてもらうとよいでしょう。

◉第 7 回　観察する・記録する

観察と記録（シート p.30）

多くの学生にとってフィールドワークの観察は初めての経験になります。インタビューはイメージできるものの，観察はどうしたらよいのかわからないという学生も少なくありません。そこで，観察して記録する方法を練習します。

データの記録方法（シート p.30）

観察データの収集には，メモで現地の様子を記録する方法だけでなく，スマートフォンなどを用いて写真，動画などの形でデータを収集することもふくまれます。現地の観察で集めた情報は，時間がたつと記憶が薄れ，整理することが面倒になってしまうので，できれば，調査後すぐにデータを記録・整理し，あとで必要なデータをすぐに取り出せるように日付，キーワードなどをつけて保存しておくことが大切になります。授業で観察練習をしたら，その日のうちに集めたデータを整理して提出するような課題を出すとよいでしょう。

メモの取り方（シート p.31）

観察してメモに記録する際に，観察内容と自分の解釈を分けて書く習慣を身につけさせることが大切になります。シートのようにメモ帳を左右に分けて書いてもいいですし，学生に自分なりのかき分け方を考えてもらってもよいでしょう。学生によっては，メモを使わずに直接スマートフォンに入力する場合もありますが，その場合も書き分け方のルールを学生に考えさせるとよいでしょう。

写真や動画の分析（シート p.31）

学生が収集した写真や映像に関しても，記述と解釈を分けて書く練習をさせます。現場でのデータ収集がむずかしい場合は，オンラインで現地の動画や画像を検索し，分析を行うとよいでしょう。これは将来フィールドワークを行うための準備活動としても取り入れられます。

自分の体験の記録をつける（シート p.32–33）

現地での観察がむずかしい場合，学生が自分の身の回りで起きていることを日誌として記述し，それを分析することも可能です。たとえば，シートで取り上げたような，コロナ禍での外出自粛期間の日誌です。この例ではコロナに関するメディアの情報と自分の身の回りの出来事の比較がなされています。

このような自分の体験を記録する手法はさまざまなテーマで用いることができます。たとえば，就職活動の調査でも，自分が就活中であれば自分の体験を日誌の形で記録しておき，メディアの情報と比較することで，社会の動きと自分の経験がどのような関係にあるのか分析することができるでしょう。

日誌の留意点として，記録を毎日つけることを面倒に感じて，記録が十分に蓄積できない学生が出てくることがあげられます。日誌の作成が継続的に行えるように，グループで日誌を読んでコメントしあったり，クラスで中間報告をするなど，学生が継続して日誌を作成していけるような環境を作るとよいでしょう。

◉第8回　ちょっと一息：実践例を読む

　　学生は自分でフィールドワークをするだけでなく，他の学生のフィールドワークの実践を読んで分析することからさまざまなことを学ぶことができます。本書のダウンロード版の資料では国内学生や国際学生（留学生）が行った多様なフィールドワークの実践を読むことができます。これらの実践では，フィールドワークのプロセスにおいて学生たちがどのようなことを学んだのか，学生たちの試行錯誤や反省が書かれており，フィールドワークの意義と注意点を知るうえで参考になります。それぞれの章には問いがついていますので，クラスやグループでのディスカッションに適宜ご活用ください。

　　留意点として，各実践例は，調査結果のくわしいまとめではなく，<u>あくまでも調査プロセスで，学生が失敗をしながら学んだことが中心となっていること</u>があげられます。フィールドワークをする際の以下の留意点に目を向けさせるようにするとよいでしょう。

【ダウンロード版資料】

	学生の フィールドワークのテーマ	ディスカッションのポイント
1.	恋愛	・インタビューの際に気まずい瞬間があったらどうするか ・家庭を訪問することの意味について
2.	ことばを学ぶ	・最初に立てた研究設問を途中で変えることについて ・ネットワーク図を作ることについて
3.	国際交流	・現場の改善を目指した「アクションリサーチ」について ・OODA の応用について
4.	クラブ活動	・現場の活動に参加して，観察したり，話を聞くことの意義 ・クラブ観察の視点の違い
5.	食べる	・調査協力者がインタビューで言わなかったことについて
6.	買う	・調査者の固定観念について
7.	就職活動	・自分の体験を記録して分析することについて
8.	若者の政治意識	・調査前の予測との違いについて
9.	宗教のふしぎ	・自分の価値判断をいかに保留するかについて
10.	アルバイト先の 外国人労働者	・センシティブなトピックについて
11.	街	・多様な学生が協力して行うフィールドワークが可能にするものについて
12.	文化イベント	・調査を記事にすることがもたらすものについて
13.	外国出身者の ライフストーリー	・ライフストーリーインタビューが他の方法と比べてもつ特徴について
14.	ホームレス	・ボランティアとフィールドワークの関係について ・調査倫理について

結果のまとめと発信の指導（第9回～第15回）

◉第9回　インタビューの文字化とふりかえり

インタビューの文字化（シート pp.36–37）

　インタビューが終わったら，インタビューの文字化を行います。文字化は時間がかかる作業なので，インタビューが終わったら学生にできるかぎり早く文字化に取りかかるように指示します。本来はインタビューをした人数分のデータをすべて文字化することが望ましいですが，学生の負担も大きいため，筆者の授業では，最初の1人か2人はきちんとすべて文字化させ，その他のインタビューデータは，もしむずかしければサマリーの作成だけでよいとしています（ただし，重要な発言は一語一句文字化するように指示します）。

文字化ソフト（シート pp.37–38）

　文字化の負担を軽減するために，学生に音声認識ソフトを紹介してもよいでしょう。ソフトは無料，有料のものがありますので，状況に応じていくつか紹介し，実際にどのように文字化できるのか示したうえで，興味のある学生には活用してみるようにすすめてみるとよいでしょう。留意点として，音声認識ソフトは完ぺきではないので，自分で音声が正確に文字化されたかどうかチェックして，修正する必要があることも伝えておきます。

インタビューのふりかえり（シート pp.38–39）

　文字化したら，スクリプトの中の重要な部分や気になる部分に下線を引いてもらい，インタビューでよかった点，改善点，フォローアップしたほうがよい点などを考えさせます。ワークシートではインタビューにおいて相手との間に緊張関係が生まれた例をあげています。ペアで，インタビュー中に気まずくなったことがあったかどうか，また，調査協力者がインタビューで語らなかったことは何かなどを掘り下げて考える時間を取るとよいでしょう。1回のインタビューではなかなか深いところまで聞けない場合も多いので，学生にインタビューの足りない部分を考えさせ，フォローアップインタビューについても可能であれば実施を検討させます（筆者のクラスでは，メールで追加の質問を調査協力者に送り，答えてもらったケースが少なくありませんでした）。

◉第10回　調査結果をまとめる

調査結果をまとめる（シート p.40）

　結果をまとめるために，まずフィールドワークのインタビュースクリプトや観察データを読み返すよう指示します。そして，データの重要な点を一覧表にしてまとめさせます。データのまとめは学生にとって負荷の高い作業です。調査したインタビューの文字化が終わっており，観察データの記録と整理ができている学生は，調査結果をきちんと一覧表にまとめることができますが，調査が思うように進んでいなかったり，データの文字化や整理ができていない学生

は，一覧表の作成に苦労します。作業が遅れている学生には，できる範囲で発表をさせ（事例を一つだけ取り上げるなど），間に合わない部分は最終発表，最終レポートにふくめるように指示してもよいでしょう。

当事者の生の声を伝える（シート p.41）

　学生が結果をまとめる際に，データの一覧表を作成し，カテゴリー化をすることで，調査結果がコンパクトに見られるようになるので全体を俯瞰することができるようになりますが，その一方で最終発表や報告書では，抽象的な結果だけを伝えようとする学生が出てきます。そこで，教員は第1回の質的調査法と量的調査法の図を用いて，フィールドワークは，調査対象が限定的ではあるものの，インタビューや現場観察によって，テーマを深く探る調査方法であることを学生にもう一度確認し，カテゴリーに分けるだけでなく，そのカテゴリーをささえるような調査協力者の背景や具体的な発言（生の声），フィールドでの具体的な出来事などを必ず示すように指示します。

研究設問を見直す（シート p.41）

　結果がまとまったら，研究設問を見直すことも大切になります。多くの学生が，研究計画の段階では漠然とした研究設問を立てていますので，最初に立てた設問と，実際に集めたデータがマッチしていないことも珍しくありません。そこで，発表前の最終段階で研究設問と調査結果がきちんと呼応するように研究設問を調整させます。

調査でえた新しい気づきを考える（シート p.41）

　学生が調査を始める前に，調査結果について何らかの予想をしていることが多いですが，実際の調査でフィールドの人びとから話を聞いたり，現場を観察したりすることで，それまで見えなかったことが見えてきます。そこで，学生に調査を始める前に予想していた結果と実際の結果の差を考えさせ，フィールドワークを通じた学びがどのようなものであったのかを明らかにさせます。

◉第11回　発表の準備とフィールドワークのふりかえり

発表のレジュメを作る（シート p.42）

　フィールドワークの結果がある程度まとまったら，発表レジュメを作ります。最初はメモ書きでだいたいどんな内容を伝えたらよいのかをあげておき，具体的な内容は第12回のパワーポイントの中に情報を入れていくとよいでしょう。もし時間がなければ，レジュメを作らずに，直接，第12回のパワーポイントの作成に入ってもよいでしょう。

フィールドワークのふりかえり（シート p.43）

　データの整理が終わって発表の準備をする段階になったら，フィールドワーク全体をふりかえる時間を作り，学生たちがフィールドの人びととどのような立場でかかわったのかを考えてもらいます。学生の最終発表では，フィールドで出会った人びとを自分とは全く関係のない他者として捉え，「かれら，かのじょら」の話を伝えようとする傾向がありますので，発表の前にふりかえりの時間を設け，学生たちにとってフィールドの人びととの話は無関係なことなのかどうか，もし何らかの関連があるとすればそれはどのようなことなのか，自分が共感したり，気

持ちに変化があったとしたら，それはどのようなことなのか，考えてもらう時間を取ります。

フィールドへの還元について考える（シート pp.44–45）

調査結果をまとめたら，フィールドでお世話になった人びとに感謝の言葉を添えて，結果を送るなど，フィールドに自分の調査結果を還元することも大切であることを学生に伝えます。最終発表会に調査協力者を招待したり，最終レポートを送るなど，学生ができることを考えてもらうとともに，動画の作成やオンラインの記事の作成など，さまざまな情報発信と共有の可能性について検討するとよいでしょう。

◉第12–14回　発表

パワーポイントを作る（シート p.46）

発表会用のパワーポイントの例を示しています。発表で重要なのは内容だけでなく，聞き手への伝え方です。発表会のパワーポイントの作成に当たって，学生に聞き手をイメージしながら，聞き手に興味をもってもらえるような内容と伝え方を考えさせます。スライドの作り方として，文字の量を重要なものだけに絞ったり，視覚的な情報（フィールドワーク中の写真や動画）を取り入れたりするなど，工夫すべき点を確認します。また，調査結果の中に，調査協力者の一覧表（実名ではなく仮名）や訪問先の一覧表をふくめることで，調査の全体像を示すように指示します。そして，抽象的な概念を聞き手に伝えるだけでなく，かならず当事者の「生の声」を紹介するように指導します。

留意点として，実際の発表ではスライドの全ての項目について述べると20分は必要になるので，発表時間に応じてスライドで述べる内容を絞るとよいでしょう。筆者の授業は各発表を10分以内とし，スライドの中で重点的に述べる点を事前に指示しておきます。そして，質疑応答と話し合いの時間を20分程度とっています。

発表の評価基準をふまえて，発表をチェックする（シート p.47）

学生が発表の準備をする際にあらかじめ発表の評価基準表（ルーブリック）を学生に提示しておくことで，学生が自分自身の発表を事前に点検することができます。シートには評価基準の例を示してあるので，授業の目的に応じて適宜調整のうえ，活用してください。

◉第15回　最終レポート

ここではレポートのアウトラインと評価基準の例を示してあります。筆者のクラスでは，対象が初年度の学生であることから，学生たちがそれほど負担なく作成できるようにレポートの字数は2000字程度としています。くわえて，添付資料として，それまで（第1回から第14回まで）の課題で作成した資料で重要なものを提出させます。これにより，学生が1学期間にとりくんだことを俯瞰し，自分の成長を感じられるようにしています（レポートの添付資料は調査計画表，参考文献のまとめ表，1人分のインタビューのスクリプト，結果のまとめ表などです）。

Part III
フィールドワーク実習の例

フィールドワーク教育の 11 の実践例

　Part III はフィールドワーク教育の実践例を紹介します。この章ではさまざまなテーマ，地域でのフィールドワーク実習を扱っており，具体的なフィールドワークの指導法と学生の学びのプロセスを知ることができます。また，多様な学生（国内学生，国際学生）の学び合いのデザイン，日本語学習者のためのフィールドワーク教育について知ることができます。くわえて，8 章から 11 章ではフィールドワークの新しい形として，オンライン・フィールドワーク教育の具体的な例を知ることができます。

章		実習場所	テーマ	対象学生
1.	関東	東京都（新大久保）	外国人が多く住む多文化の街を観察し，ライフストーリーを聞く	国内学生・国際学生
2.	東北	宮城県（南三陸）	東日本大震災の被災地を訪れ，人びとから話を聞く	国内学生・国際学生
3.	中部	福井県（福井市）他	「地方創生」をテーマに地域の人びとの話を聞く	国内学生・国際学生
4.	北海道	札幌	札幌の地下街の観察を通じて現代社会を考える	国内学生・国際学生
5.	中部	長野県（飯田）	地域を訪れ，人の移動（満州移民，戦時動員）を手掛かりに地域史を知る	国際学生
6.	中部	石川県（金沢）	留学生が地域のボランティア活動を通じて学ぶ	国際学生
7.	関東	東京都（四谷）	ホームレスのインタビューを通じて現代社会を考える	国内学生・国際学生
8.	沖縄	オンライン：沖縄県（石垣島）	現地のエコツーリズムについて学ぶ	国内学生・国際学生
9.	四国関東	対面とオンライン：高知県，埼玉県	現地のリサイクリングについて学ぶ	国内学生・国際学生
10.	関西	オンライン：大阪府	現地を Google ストリートビューで観察し，言語景観を分析	国際学生（アメリカ）
11.	関東	対面とオンライン	コロナ禍で実施した国際学生たちのフィールドワークにどのような意味があるのかを分析	国際学生

【フィールドワーク実習の場所】

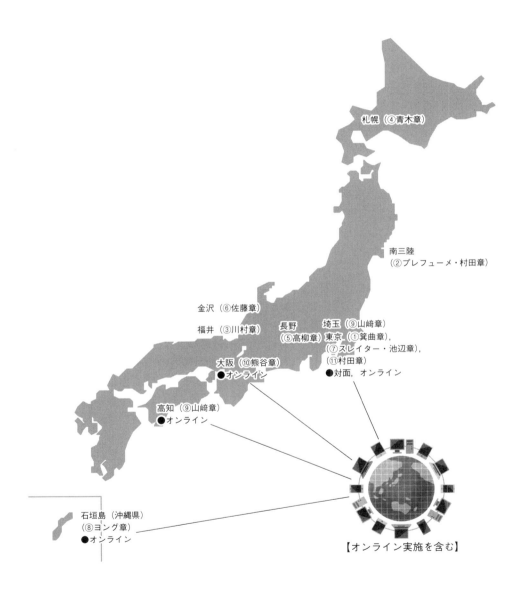

札幌（④青木章）

南三陸
（②プレフューメ・村田章）

金沢（⑥佐藤章）

福井（③川村章）

長野
（⑤高柳章）

埼玉（⑨山﨑章）
東京（①箕曲章），
（⑦スレイター・池辺章），
（⑪村田章）
●対面，オンライン

大阪（⑩熊谷章）
●オンライン

高知（⑨山﨑章）
●オンライン

石垣島（沖縄県）
（⑧ヨング章）
●オンライン

【オンライン実施を含む】

①多文化の街に生きる人びとのフィールドワーク

新大久保における多文化共生

箕曲在弘（早稲田大学）

1　フィールドワークの計画

〈多文化の街をフィールドワークする魅力〉

　外国人集住地区でフィールドワークをすると，日本にいながら異文化体験ができます。外国を観光するのとは違い，とりわけ日常生活の部分を知ることができるという利点があります。つまり，「多文化の街」をおとずれることで，わたしたちはかれらがどのようなところに住み，何を食べ，どこで何を買っているのかを，かれらの目線にたって理解できるようになります。以下では，「新大久保における多文化共生」というテーマで行っていたフィールドワーク実習の流れについて順を追って紹介していきます。

【フィールドワークの計画（例）】

1.	調査テーマ	例：外国にルーツをもつ人たちのライフストーリーの聞きとり
2.	いつ	例：①街歩き　6月14日　②インタビュー　7月12日
3.	どこで	新大久保周辺
4.	だれに（調査対象）	新大久保周辺で働くか，新大久保周辺に住んでいる外国にルーツをもつ人たち
5.	何を（調査項目）	ライフストーリー全体（とりわけ，いつどこで生まれ，どういった家族関係で，どのようなきっかけで訪日を決め，訪日後にはどういった生活を送っているか）
6.	どうやって（調査方法）	①参与観察（参加・観察）②ライフストーリーインタビュー
7.	準備（アポイントメントなど）	事前に新大久保の変化に関する情報を集め，①の街歩きの際にアポイントをとり，後日あらためてインタビュー　当日の待ちあわせ場所と時間の確認（LINEのグループを作っておく），当日の役割分担の表作成

2　背景情報を調べよう

　まずは新大久保における外国人に関する背景情報を集めます。学生はPart Iの検索方法のなかでとくに新聞検索を重点的に行います。新聞記事検索サービスが利用可能な場合，ウェブサイトの記事だけでは調べきれない新聞や雑誌記事を横断的に検索することができるので，テーマとなっている単語の使われ方，登場回数の変化，意味づけの変化などを通時的に追うことができます。記事の発表年月日，記事のタイプ（社説か，社会面か，政治面か……），記事のタイトル，内容の要旨をまとめておきましょう。一覧表にすることによって見えてくることもあ

ります。

　以下が学生に出す課題です。

---

①「新大久保における外国人」が最初に話題となった時期は？どのような内容の記事か？
②記事の内容の変化（実際の記事の内容を引用するか要約するなどして具体的に証拠を示す）
③新大久保の外国人に関する記事の量の変化（年毎の記事の本数をあげる）

	記入例
①	××新聞の場合，1991年5月31日付「街角の国際交流」に以下のような記述があった。「2年前，セールの街頭アナウンスに中国語がくわわった。そのおかげで，セールは盛況であった。その後，韓国人や南米人が増えると，アナウンスに外国語が一つずつくわわった。街角の国際交流は試行錯誤だが，街に新しい味が出てきた」
②	××新聞の場合，1990年代は町の国際化による変化を記事にしている一方，麻薬や暴力などの治安のわるさを示す記事が多く見られた。歌舞伎町の暴力団と新大久保に集まる外国人がむすびついているとして捜査されており，外国人による麻薬，覚せい剤など薬物犯罪の検挙が増えているという内容だ。 2000年代，もっとも大きく取りあげられていたのは「線路に転落，3人はねられ死亡　救助の外国人らも――東京・JR新大久保駅」の内容であった。酔って転落した日本人男性を日本人と韓国人の2名が救助しようと線路に降りたが3人とも巻きこまれてしまったという事件だ。
③	××新聞の場合，2001年に70件近くの記事が掲載されたが，それ以前は例年5件以下であった。しかし，2010年以降は例年10件前後の記事が掲載されており，以前にくらべて新大久保の外国人は話題になってきたことがわかった。

【情報収集】

●協働のポイント：国際学生の視点と国内学生の視点

留学生の母国の新聞記事がオンラインで検索可能な場合，「新大久保」など同じ検索ワードを使って，母国の新聞記事について調べてもらうとよいでしょう。日本での語られ方と同じか，あるいは異なるのか。異なるのであればどういった違いがあるのか。このあたりを議論します。

3　街並み観察のポイント

　事前に新聞や雑誌の記事を検索して知識をえたあとは，街に出てみます。ただの散歩にならないように，街歩きの注意点を以下に解説します。フィールドワークの基本はPart Iの第7回（観察する・記録する）を参照しましょう。以下では，そこではふれていない，新大久保に特化した街歩きのコツを説明します。

3-1　ルートを決める

　かならず地図を持参します。Google Mapの画面をキャプチャして印刷するのが手軽でよいです。その際，A3判に拡大コピーをして，グループメンバー全員が同じものを持っておきましょう。そのうえで，歩きだす前に，地図上に歩く予定のルートを書きこみましょう。そのためには事前に，どこに何があるのかを調べておく必要があります。公共施設や宗教施設，エスニックレストラン，八百屋，食材屋，住宅街など，あらかじめここだけは見にいきたいというものを決めてください。

3-2　メモをとりながら歩く

　あらかじめ決めたルートにしたがって歩いていくのですが，大切なことは「ルートにしたがいすぎない」ということです。街歩きの楽しさは，偶然の発見にあります。まじめにルート通りに歩こうとしすぎて，好奇心をそそる対象を見つけても，それを無視してしまうのではもったいないでしょう。

3-3　DIE 分析[1]

　街歩きをしたあとは，グループメンバーどうしで気づいたことを共有しましょう。同じ対象を見ていたとしても，感じた印象が異なる場合があります。それを共有することで，多様な視点に気づくことができます。

DIE 分析の例
●協働のポイント～国際学生の視点と国内学生の視点

写真をペーストする	記述例
	D（描写）：写真は新大久保のイスラム横丁とよばれる街にあるスパイス専門店の一つである。 I（解釈）：これらのスパイスは南アジアのものであり，イスラム圏の人びとが買いに来ているのだと解釈できる。 E（意見）：こういった店の存在は，新大久保の多様性をうながすことにつながっており，たいへん魅力的だ。
	D（描写）：路地を少し歩いた道ばたに左の写真のような簡易なボックスがあった。よく見ると「羽田→仁川」という文字や航空券販売中と書いてある。 I（解釈）：ここは航空券を購入するためのボックスであると考えた。 E（意見）：このような場所にあるということは帰郷する人びとのニーズにこたえているなと思った。

　街歩きの後のプレゼンテーション準備の段階で国際学生の意見を取りいれましょう。たとえば，新大久保の中国物産店をおとずれた際，国内学生には身近でない野菜を発見したとします。中国人留学生がいっしょにいれば，それがどういった料理に使われ，どのようなときに食べるのかを教えてくれるでしょう。韓国，ネパール，ベトナムなど，さまざまな国から来た国際学生ならではの視点で，新大久保の街の魅力を発見できるはずです。また，逆に国際学生からの質問に，国内学生が答えるという場面もあるでしょう。路地裏のゴミがたまっている様子を見て，国内学生が，日本の自治体のゴミの分別のこまかさを国際学生に教えるということもありうるでしょう。

---

1)　DIE 分析は Describe（描写），Interpret（解釈），Evaluate（価値判断）に分けて事象を分析する異文化コミュニケーションの手法です（Part I の第 7 回参照）。

4　インタビューの実施：ライフストーリーインタビュー

4-1　インタビューの質問を作る

　今回は，ライフストーリーインタビューという方法（Part I 第6回）をもちいて，調査協力者のこれまでの人生の経験を語ってもらいます。そのため次のような大項目と中項目，具体的な質問といった形で体系的な質問をあらかじめ作っておくと安心です。

大項目	中項目	具体的な問い
本人の情報	生年月日 生まれた場所 日本長期滞在開始年	・生年月日はおいくつですか？ ・どこで生まれたのですか？ ・日本に住みはじめたのはいつですか？（何年何月？）
家族の情報	家族構成 家族の生年月日 家族の職業 家族の学歴 現在の所在地	・ご両親の生まれた場所はどこですか？ ・ご両親の生年月日は？ ・ご両親はいま何をしていますか？（職業） ・ご両親の最終学歴は？ ・ご両親はいまどこにいますか？ ・兄弟姉妹はいますか？ ・兄弟姉妹の生年月日は？ ・兄弟姉妹はいま何をしていますか？ ・兄弟姉妹の最終学歴は？ ・兄弟姉妹はいまどこにいますか？ ・お子さんはいますか？

4-2　ペアを作って練習

　本番のインタビューにうつる前に，あなたのグループでかんたんなライフストーリーの聞きとりの練習をしてみましょう。たとえば，人生の重要な時期の一つとして，あなたの受験の時期にしぼって聞いてみるとよいでしょう。

学生の練習後のふりかえり

問1　インタビューをしてみて考えたこと	問2　インタビューを受けてみて考えたこと
質問をポンポン出さないと，何もないまま時間がすぎてしまうため，たくさん用意しておかないといけないと思った。質問につまったとき，あせってしまった。あいづちや相手の目を見て話を聞くことを心がけることが大事だと思った。	あいづちをうってくれたり話す内容に困ったとき，前回の質問で答えたことから質問してくれたり，自分がたくさん話すタイミングがあると話すほうも楽だなと思った。何を話すのが正解かわからないので，ある程度，方向づけしてくれていると話しやすかった。
質問の順番に少し困った。一度聞いた質問でも，聞いたか聞いてないかわからず，もう一度聞き返してしまった。話を聞きながら，次の話題を考えるのがむずかしい。	質問の内容があいまいであると，語り手としてどのような回答をしてよいのかわからないことがある。インタビューを受ける側も考えて回答しなければならないと感じた。

4-3　アポとり（アポ＝アポイントメント）

　くわしくは Part I の第 5 回を参照してください。外国ルーツの人のなかには日本語でメールを書くのが苦手な人も多いです。その場合は電話を使うようにしてください。

4-4　話を聞く

　くわしくは Part I の第 4 回，第 5 回を参照してください。相手の国の地図を持っていくと，話がふくらみます。また，話の流れのなかで，相手の母語でそれは何というのかとたずねてみたりして，その文字をフィールドノートに書いてもらったりするとよいでしょう。同様に，図や絵を描いてもらうこともまた，話を広げる重要な手段になります。

5　結果のまとめ

　報告書（ミニエスノグラフィー）のまとめの作業です。まずは，Part I の第 6 回，第 9 回，第 10 回のスクリプトの書き方と文章化の方法を参考にしましょう。以下では，スクリプトをもとに文章化して整えるにはどうすればよいか，事例をあげながら確認していきましょう。

> 【スクリプトの例】
> 聞き手：日本に来たいから，ワーキング・ホリデーで準備して，こっちに？
> 語り手：はい。そうです。
> 聞き手：韓国にはけっこうそういう人多いんですか？
> 語り手：いえ。僕の学校で僕 1 人だけでした。
> 聞き手：あ，そうなんだ。へー。
> 語り手：みな大学行くですから。ワーホリも大学 1 年間休んだりしてふつうは来ますね。
> 聞き手：へー，じゃあ，何で来ようと思ったんですか？
> 語り手：僕は大学には興味がなかったです。
> ↓
> 【文章化の例】
> ××さんは今年の 7 月 7 日に日本におとずれたばかりだ。学校は行かずにゲストハウスで働いている。学校は学費が高く 1 人で勉強すればよいと言っていた。韓国の大学は出ていない。高校を卒業だけしてワーキング・ホリデーの準備をして，来たのだという。そしてリーさんはまだ兵役を終えていない。日本と同じく韓国でも大学へ行かずワーキング・ホリデーに行く人は決して多くない。リーさんの高校では彼 1 人のみだった。なぜ大学へ行く選択肢をとらなかったのか。彼は大学には興味がなかったからだと答えた。

　ここでは，スクリプトの一部を切りとり，文章にしました。スクリプトを見れば，聞き手と語り手が交互にみじかい発話をくりかえしてやりとりしています。しかし，文章にしたときには，そのようなコマ切れ感はなくなり，流れのある文章になりました。

6　ふりかえり

　　インタビューを終えて，何を学んだのかをふりかえりましょう。

学生の意見

問1.　インタビューをするまでの過程で何を学びましたか？	問2.　インタビューのまとめをする段階で何を学びましたか？
最初は質問項目を立てておくだけでよいだろうと思っていたが，実際は会話の流れがとまってしまったり，聞きたいことがあってもうまく伝わらなかったりと，焦ってしまう場面があった。相手の性格を読みとってその人にあわせた雰囲気を作る必要があったと感じた。	その人の歩んできた人生をよりわかりやすく，よりうまく伝えるにはどうしたらよいのだろうと考えながらまとめることで，自分の文章力は向上したと思う。
こんなにもアポイントをとることが大変なのかと気づかされた。相手の都合と自分たちの都合を合わせなおしたりして，やっと会うことができた。インタビューでは聞きたいことを会話の流れでどのように自然にもっていくか相手の表情を見ることなどに気をつけてインタビューをしてたくさんの経験ができた。	調査結果をまとめる過程で読み手にわかりやすい文章を考えることが大切である。ライフストーリーインタビューの内容を文章で伝えるには，インタビュー相手の表情や出身国での様子などをくわしく，またわかりやすく書くことがむずかしかった。そのため，読み手側がわかりやすく，なおかつおもしろいと思うような書き方や文章力を身につけたい。

　　ふりかえり（リフレクション）とよばれる活動は，フィールドワークの期間中，何度も行うべきですが，この最後のふりかえりでは，フィールドワークの過程全体をとおしてえた気づきを言語化する最も重要な時間となります。この言語化の作業は，学生自身が経験の意味を自らつむぎだし，主体的に学ぶ姿勢を生み出す効果があります。

　　したがって，ふりかえりは単にうまくできなかったことを反省するために行うのではありません。以下の2点について，考えてみるとよいでしょう。

　①自分の抱いた感覚や感情の言語化：フィールドワークを通じて，自分が楽しいと思ったことはあったか，逆にもうやりたくないと感じたことはあるか。そして，なぜそのような感覚や感情を抱いたのか。
　②自分の固定観念に対する気づきの言語化：自分の当初抱いていたイメージや考え方がフィールドワークを通してどう変わったのか。そして，なぜそういったイメージや考え方をもっていたのか。

　　調査対象者の人生の来歴に耳を傾け，その人の人生の軌跡を想像しながら文章をまとめることによって，学生はその人の見てきたものを追体験し，自分とは異なる人生のあり方について理解を深めることができるようになります。このような他者理解の試みは，多文化共生の実践そのものであるといえるでしょう。なお，学生の報告書はダウンロード版資料の⑬を参照してください。また箕曲在弘［編］『新大久保に生きる人びとの生活史』（明石書店）では，新大久保のフィールドワーク実習について詳述していますので，ご覧ください。

②被災地の人びとの声を伝える多文化フィールドワーク

プレフューメ裕子（ベイラー大学）・村田晶子（法政大学）

〈震災被災地をフィールドワークする魅力〉

　筆者（プレフューメ）はアメリカの大学で日本語を教えており，2011 年の東日本大震災の翌年から毎年夏にアメリカの大学生とともに被災地をおとずれてフィールドワークの指導を行ってきました。この章では留学生の被災地でのフィールドワークを紹介するとともに，留学生が地元の学生といかに協働したのか，そして，その意義は何なのかを明らかにしたいと思います。

　被災地でのフィールドワークは，ふつう留学生がいだいている日本に対するイメージとはことなる日本の一面，とくに自然災害とむきあう人びとのすがたを観察し，そこからさまざまなことを学ぶことにつながります。このプロジェクトでは，フィールドワークで撮影した動画を発信していますが，被災地という特別な場所でのフィールドワークにおいてその成果をデジタル化して残すことで学生たちは自分たちのフィールドワークに社会的意義を見いだすようになります。

　また，本プロジェクトは被災地における留学生と地元の学生の共同プロジェクトの形をとっていますが，こうした協働はどちらのグループの学生にとっても貴重な学びの機会となっています。国内学生は留学生とともに被災地におもむき，留学生の視点と比較しながら震災と人びとの暮らしについてあらためて考えることができるからです。国内学生にとっても留学生にとっても協働は，多様な背景をもつ人びととどのようにかかわり，学びあうのか，試行錯誤していくなかで理解を深め，将来に生かすことが期待されます。

1　フィールドワークの計画と背景情報の収集

　筆者のプログラムでは，毎年夏に 5 日間被災地を訪問し，表 1 の計画表のとおりに学生がフィールドワークを行っています。

　東日本大震災にかぎらず被災地でのフィールドワークを行うとき，現地をおとずれる前の事前調査が必要です。とくに本プロジェクトのようなみじかい期間のフィールドワークでは事前にできるかぎり情報を集め，調査計画を立てることが重要になります。

　本フィールドワークの事前準備において，学生は東日本大震災の被害・復興状況を示すデータを自分たちで収集し，南三陸町の被害状況，復興状況，人口推移などを調べておきました。また，動画サイトを利用して震災の動画を見ることで現地の様子を知るように心がけました。さらに，インタビュー協力者のプロフィールと背景をまとめ，インタビューにそなえました。

【東北の大学生との協働前のチームビルディング】

　留学生（多くは初中級の日本語レベルの学生）が日本語でインタビューをするためにはなんらかの言語的なサポート，文化的な橋渡しが必要となります。このため，筆者のプロジェクトでは地元の大学の協力をえて，留学生と地元の学生が協働でインタビューを行っています。地元の大学もこの活動を単位認定しています）。事前準備として，被災地訪問の数か月前から東北の地元の大学の学生たちと連絡を取りあい，オンラインで自己紹介をしたり，調査の相談をしたりするなど，チームビルティングをはじめます。

表1　フィールドワークの計画

1.	調査テーマ	被災地の人びとは震災後どのように前向きに生きているか。
2.	いつ	夏期5日間
3.	どこで	南三陸町
4.	だれに／だれと（調査協力者）	現地の被災者の方々，震災後に南三陸町に移住した方々
5.	何を（調査項目）	①津波の後に克服したことやしなければならないこと ②復興のために努力してきたこと ③心の変化について ④どんな町の未来をのぞむか
6.	どうやって（調査方法）	□ 被災地の訪問 □ インタビュー（地元の学生との協働） □ 録画
7.	事前準備	□ インタビューをする前に，東日本大震災の被害状況や復興へのとりくみなどをオンラインやメディアをとおして調べる。 □ 地元のガイド（語り部）と事前に連絡を取りあい，現地訪問の計画書を作成する。 □ 地元のガイド（語り部）や観光協会などにインタビュー協力者の選択，アポイントメントをお願いする □ 地元の学生とオンラインでチームビルディングをしておく

2　フィールドワークをしよう

　　現地でフィールドワークを行うときに一番大切なポイントは，地元の有識者や役場の協力をえて，現地の方々の話をうかがうことです。目に見える部分の被災地の復興状況は，集めた資料である程度知ることができますが，外部の人間にはわからない地元の状況は多々あります。したがって，現地をおとずれ，現地の人びとの声を聞きとることが非常に重要になります。以下，学生たちのつけたフィールドノートをいくつかご紹介します。留学生たちの記述からはさまざまな学び，気づきを見ることができます。

学生のフィールドノート①

（原文）We visited the beach where the big tsunami hit. This is the place where they found the body of our guide's wife, who has been showing us around the area. Right now, they are building 14.5-meter-high levees. They will be completed next year. According to the guide, the over 20-meter-high tsunami attacked the beach, and the coastline has receded

because the beach was eroded about 200 meters. This beach we are looking at is very calm and beautiful. But I felt sad as I actually felt like the tsunami, more than ten times

of my height came here, and the body was found near here.
（筆者による訳）大津波が襲った海岸をおとずれた。ここは，わたしたちを案内してくれて
いる語り部さんの奥さまが死体で見つかった場所だ。現在高さ 14.5 メートルの防波堤の
建設中で，来年完成予定だ[1]。震災では高さ 20 メートル以上の津波が押しよせ，海岸が
200 メートルにわたり流出し，陸が後退してしまったそうだ。今ここから見わたす海はと
ても静かで美しいが，自分の背の 10 倍以上の高さの津波が来たことや，このすぐ近くで
遺体が発見されたことを体感したような気がして，悲しくなった。

学生のフィールドノート②

（原文）We heard the story about the female owner
of a liquor shop. She lost her family members and the
store because of the big tsunami. Other than liquors,
I see many items wishing for reconstruction being
displayed everywhere in this small temporary shop,
such as t-shirts and hand made goods by people in
the community. Although she survived with her two
elementary age children at the time of the disaster, she
was at a loss not knowing what to do. But she made a decision to rebuild the store for
the sake of her children and the family members she lost.
（筆者による訳）大津波でご家族やお店を失われてしまった酒屋さんのおかみさんにお話
をうかがう。この小さなプレハブの店のなかにはお酒以外にも復興祈願の T シャツや地
元の方の手作りの小物が並んでいる。震災当時は生き残った小学生の息子さん二人と途方
にくれたが，子どもたちのためにも亡くなったご家族のためにもお店の再建を決心なさっ
たとおっしゃっていた。

　アメリカの学生たちは，被災地におもむき，フィールドワークをすることによって，震災後
の時間の変化を感じ，町の人びとの精神力や忍耐力の強さに気づくとともに，震災の風化とい
う被災地の人びとの危惧を知りました。筆者は被災地を訪問するときに，事前に調べた震災当
時の映像や画像，被災状況に関する資料から思いうかべていたイメージと実際におとずれた被
災地の印象との違いを考えるように指導しています。

3　インタビューの実施

　本章のフィールドワークにおけるインタビューの調査テーマは「被災地の人びとは震災後ど
のように前向きに生きているか」です。30 分という制約された時間内で質問をするので，かん
たんなプロフィールは事前に調べておきました。プロフィールは各調査協力者にあわせた質問
作りに役立ちます。
　インタビューは，事前にいくつか質問項目を準備しつつも調査協力者から深い話を聞くため
に，質問をその場でくわえる形をとりました（半構造型インタビュー，Part I 第 4 回）。質問項

1）防波堤は 2019 年に完成しました。

目は留学生と国内学生がまず SNS 上で，さらに東北で実際に会った際に話しあいながら決定
しました。次の表2は2018年度の協働で作りあげた質問例です。留学生が日本語でインタ
ビューをする前にはリハーサルが必要です。インタビューの留意点としては，書いてある質問を
読むだけでは誠意を感じてもらえません。また，慣れないことばや表現を使うのでむずかしい
発音もあります。インタビューを受けてくださる方がたは，不自然な発音に慣れていないので，
かんたんそうな質問をしても聞きとっていただけない場合があるため，国内学生といっしょに
十分な練習をしました。

表2　学生の作成した質問例

> 調査協力者：被災でご主人を亡くされて，家を流された保育士の方
>
> 1. 震災後つらいことはたくさんあったと思いますが，そんなとき何が助けになりましたか。
>   ほかの人たちにどんなアドバイスができますか。
>
> 2. 地震のあと，子どもたちとのかかわり方で変わったことはありますか？
>
> 3. 地震を経験したことのない地域の保育士さんに伝えたいことは何ですか？
>
> 4. 保育士さんとして，震災を経験したことがない子どもたちにのぞむことは何ですか。
>
> 5. 将来，この町にどんな変化を見たいですか。

　実際のインタビューでは，留学生がインタビューの質問リストをもちいて，相手に聞きとり
を行い，追加質問や不明な点に関しては，地元の学生が留学生のインタビューのフォローアッ
プをしました。このプロセスは留学生にとっては日本語学習であるとともにインタビューの
スキルを高める訓練となりました。また，地元の学生にとってもフィールドワークの経験をつむ
うえで役立ちました。

　たとえば，リストにそって，留学生が地元の保育士さんに日本語で，「保育士さんとして，震
災を経験したことがない子どもたちにのぞむことは何ですか」と質問しましたが，最初は表面
的でかんたんな返答しかもらえませんでした。そのため，地元の学生がより深い内容の話を聞
きだすために次の質問をしていました。「このお仕事をされているなかで，たくさんの子ども
たちとかかわっていると思うんですけど，その子どもたちはこれから南三陸にどのようにかか
わってほしいと思いますか」。

インタビューの録画

　このプロジェクトでは最終的に被災地で震災に
あわれた方々や復興に貢献された方々の話の動画を
作成します。理由は，南三陸町とそこで暮らす住民
の方々のことを，SNS をつうじて世界中に発信した
いと考えるようになったからです[2]。

　インタビューの前の計画に十分な時間を使い，録

---

2) 動画作成のプロジェクトでは，2019までに13名のインタビューを行いました。初年度に1人だけイン
　フォーマントの希望で事前に質問内容をお知らせしておいたことがあります。オープンエンドの質問は，
　インフォーマントの自発的で思いがけないお話をうかがうことが目的ですが，そのインフォーマントは
　回答の準備をしてリハーサルをしすぎて来たばかりに，話を発展させることができず，インタビューが
　早く終了してしまいました。

画・録音機材の準備以外に部屋の見取り図を作り，インタビュアーと調査協力者の座る位置や機材の位置を確認し，録画のタイミングのリハーサルをする必要があります。できるだけ相手に親近感をもって話していただくために，インタビュアーと調査協力者の間には，机などの障害物はおかないようにしました。写真はインタビューの撮影風景です。毎回２台のビデオカメラを設置し，違う角度から録画撮りをしています。

4 結果のまとめ

インタビューと録画撮りがおわったら，結果をまとめます。インタビューの日本語の文字おこしでは，日本語が初中級レベルの留学生にとって聞きとりがむずかしいため，地元の学生のサポートが非常に役立ちました。

文字おこしと編集：文字おこしでは最初は国内学生がインタビュー全体の録画から一つひとつ，文字おこしをします。たとえば以下の例は，被災地で保育士として働いている方のインタビューの文字おこしです。そして，この発話を動画として編集し，英語訳をつけて発信するために，どこを選ぶのかをグループでていねいに検討します。下線部がグループの話しあいで選んだ部分です。

ちょっと前の話になるんですけども，先週，中学校２年生の女の子が，その当時の就学時の子どもでした。で，毎日泣いている子だったんですけども，その子が，<u>保育体験実習っていうのを二日間，戸倉保育所を希望してくれて</u>，最初はほかの保育所にしたらしいんですけども，もしよかったら戸倉にいってみたいって，わたしに会いたいっていうことで来てくれて，二日間過ごしたんですけども，<u>その子が二日目の日に，こっそり，ぽんと封筒を置いてったんです</u>。だれにもわからないようにはずかしいのでうちで読んでくださいって置いてった手紙に，<u>その当時に，つらかったけども，先生といたおかげで自分がこういう仕事につきたいって思った</u>っていう手紙が便箋二枚に書いてあって，やって来てよかったなって，そのとき，思いました。すごく，最後のその年は，年長クラスすごく楽しくて，思いっきり楽しんだ一年だったのでね，修了式できなくてごめんねっていったら，つらかったけど<u>でも，先生といたから保育士になって，まちの子どもたちに先生と同じようにやっていきたい</u>っていうふうに書いてあったんです。<u>そういう子がどんどん出てくるのかなあって，それがわたしのやってきたことと，子どもたちへの願いです。</u>

多文化協働：チームが集中して作業を行うなかで，自動的にリーダー役が生まれ，音声部分の文字おこし，翻訳をはじめるタイミングなど，慣れてくると役割が決まり，効率的な作業の流れができてきます。国内学生は文字化された日本語の微妙なニュアンスをどうやって留学生に伝えるか，留学生は自分がイメージする英語表現をどうやって国内学生とすりあわせるかを検討します。最後にチーム全

員でプロジェクトのテーマにしたがって最終動画に使うテキストを選びます。そこでは，必然的に，各チーム内で日本語と英語を使って，たがいに意見・提案を述べ，注意深く聞きあい，交渉しあいながら問題を解決をし，プロジェクト達成にむけた行動がおこります。

協働の翻訳：文字おこしと重要部分を選ぶ作業がおわると，日本語のインタビューを翻訳して英語になおし，動画に組みこむ作業を行います。翻訳ではそれぞれのグループが日本語をどのように英語にするのか，話しあい，学びあいました。

　地元の学生にとって，インタビューの翻訳を手伝うことはかんたんなことではなく，インタビュー協力者の気持ちや背景をふくめて，留学生に伝えることが必要になる場合もあります。つまり，一つの言語からほかの言語に変えるだけでなく，協働者どうしの社会的・文化的背景を学びあうことがもとめられるため，意義深い協働作業になります。くわえて，翻訳した英語のチェックにおいては，留学生が地元の学生に自然な表現を説明する作業も入るため，おたがいにとって学びの機会となります。

　以下，グループで協力して翻訳した，動画の字幕の例を紹介します。

①【保育士の発言】	つらかったけど，でも，先生といたから保育士になって，まちの子どもたちに先生と同じようにやっていきたいっていうふうに書いてあったんです。そういう子がどんどん出てくるのかなあって，それがわたしのやってきたことと，子どもたちへの願いです
②【英訳】	It was really hard after the great tsunami, but because of you, I wanted to become a preschool teacher for the town's children, just like you, the letter said. Maybe more like her will follow. This is what I have been doing, and my wish to the children in this town.
③【字幕】	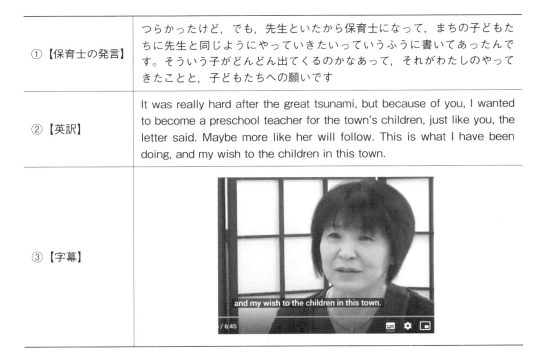

　スクリプトをみじかくする作業は，話し手の思いを正確に，そして効率的に伝えるために重要です。日米の学生たちは2日間での文字おこし，翻訳，編集作業をするにあたり，深夜は遅くまで，朝は早朝から，ときには熱いディスカッションをくり広げ，責任感をもって作業にとりくんでいました。

5　ふりかえり

　被災地における日米学生間の協働プロジェクトをつうじて気づいたことや学んだことをふりかえりレポートとして提出させました。ここでは，日米の学生の記述例を一部紹介します。

留学生のふりかえり記述例:
Interviewing the resident allowed me to see a personal perspective on how they experienced the disaster, and what they have done from there to strive for a better future. (中略) I was able to interpret what the interviewer was saying from my vocabulary, and able to further tell what the interviewer was to trying to say with the help of the Tohoku students. (中略) It was nice to get to know the Tohoku students as we were working on the project together and being able to make everlasting friendships. (中略) The project was real test of our Japanese capabilities and allowed me to grow in the language that would not be possible in a regular class.

地元の大学生のふりかえり記述例:
・翻訳の作業ではとくに,日本語でのニュアンスと,英語をあわせるのにとても苦労しました。さらには,その違いを英語で伝えようとするのにも苦労しました。しかしグループのみんなで協力していくことで作業もはかどりました。(中略)言語の壁はあってもいっしょうけんめい伝えようとすることは,どんなコミュニケーションにとっても大事なものだと感じました。
・リーダーに必要な素質とは何なのかを学ぶことができました。わたしは将来,東日本大震災のときに多くの方々がボランティアに来てくれたように,災害がおこったときには看護師としてリーダーシップをとって動ける人材でありたいと考えています。
・今回のプロジェクトにおいて多くの外国人とのコミュニケーションの方法そしてテンションのあわせ方などを実際に経験することによって知ることができたと思っている。

国内学生と留学生のふりかえりを比較すると,国内学生が翻訳作業の場面で言語の壁を感じ苦労したと報告しているのに対し,留学生は比較的容易にコミュニケーションがとれたと述べていました。その理由としては,会話の70%から80%以上が英語で行われたからだと考えられます。第二言語話者と第一言語話者の間の会話では,第二言語話者に負担がかかることが多いため,留学生より国内学生にとって大きなハンディキャップであったと思われます。一方で,協働に共通するメリットとして,異文化をもつ相手との友だち作り,リーダーシップのスキルや,多様な場面に対応できる柔軟性などの学びがあげられました。

留学生と地元の学生が最終日に全員でスクラムを組んでねぎらっている様子

6　フィールドワーク最終成果物の例

　被災地でのフィールドワークをとおして被災者の方々の生の声を最終成果物として形に残すプロジェクトにとりくむことは,日米の大学生が本当の意味で使命感と責任感をもつことを可能にします。これこそが教室内の活動だけでは達成しにくい協働フィールドワークの意義なのではないかと思います。毎年夏に南三陸町をおとずれる国内学生や留学生は,震災後の年月のなかで,この地域と向きあってきた町の人びとの精神力や忍耐力の強さに感銘を受けます。
　しかし,被災地の方がたは震災が風化してしまうことをもっとも恐れているとおっしゃって

　います。このプロジェクトは，歴史的な大震災を乗りこえた南三陸町とそこで暮らすすばらし
い住民の方々の声を世界中に紹介することを目的としています。

　保育士の佐々木さんは震災でご主人を亡くされ，娘さんと二人だけになりました。インタビ
ューでは，被災直後に助けてくれたカナダ人のこと，震災当時，卒園式のリハーサルや準備を
していたけれど，卒園式ができなくなったので，仮設住宅や避難所をたずね，見つかった園児
に卒園証書と思い出のアルバムを届けてまわったこと，佐々木さんのおかげで震災の悲しみを
乗りこえ保育士をめざしている中学生のこと，そして津波のこわさを知らない今の園児たちに
津波の教訓や命の大切さを伝え続けたいということなどをお話ししてくださいました。

　筆者は学生とともにこうした現地の方がたの声をプロジェクトをつうじて発信していきたい
と考えています。

Sasaki Interview

　　動画を制作した学生：エイミー・リー，リアナ・クレイボン（ベイラー大学），津田光穂，朝賀
　　　　　　　　　美織（東北大学），仲玲子，北里萌（法政大学，英語サポート）
　動画のリンク：https://www.youtube.com/watch?v=kTzlEoGSa4w
　　　　　　　　https://www.youtube.com/watch?v=AExhxyUmGQM

【謝辞】
本フィールドワーク実施にあたり，多大なご協力をいただいた語り部の佐藤誠悦様，佐々木美香様，東北の
関係者各位に心より感謝いたします。

③「地方創生」

留学生が福井をフィールドワークする

川村宏明（フィンドレー大学）

　わたしは，2019年の夏に，自分の教えているアメリカの大学の学生（3名）とともに福井県でフィールドワークをしました。この3名の学生は全員日本語学習者で，そのうち2名にとって今回のフィールドワークがはじめての日本訪問でした。残りの1名も，日本を訪問したことがあるといっても高校のツアーで姉妹都市を1週間ほどおとずれた経験があるだけですので，日本での生活経験はあまりないといってよいでしょう。このような留学生が福井県のフィールドワークをする意義は何なのでしょうか。

　まずは，東京や大阪のような大都市ではない場所を調査地として選んだ理由を述べたいと思います。わたしたちの大学はアメリカの地方に立地していますが，ここで留学生の受け入れをしていると，地方への留学は留学生にとってプラスの面があると実感します。わたしたちの大学に来る多くの留学生から，「オハイオとニューヨークは全然違う。やっぱりアメリカは多様だ」，「フィンドレーに住む経験はとてもよかった。ここに来たおかげで，テレビで見るアメリカとは違ったアメリカを知ることができた」といった声を聞きます。同じように外国人が日本を理解するためには，東京，大阪，京都，広島などの観光都市ではないところで，日本を体験することも大切だろうと思うのです。日本についてのステレオタイプをこわすための手段の一つとなるのではないでしょうか。

　また，卒業生の一人に新潟県で観光関連の仕事をしている人がいて，その人から日本の地方都市がインバウンドの観光に力を入れていることについて聞いていました。そこで，このプロジェクトでは「地方創生」をキーワードとして調査をすることを通して，地域の過疎，少子高齢化，労働力不足が，今どういう状況にあって，さまざまな問題に対してどのように対応しようとしているのか，自分たちの目で，そして現地の人の視点から見てみようということに決めました。

　次に，どうして福井をフィールドに選んだかですが，わたしたちの大学が福井の多くの機関とすでに関係をもっていたということが主な理由です。エスノグラフィーを行うときは，現地の人びとと信頼関係を作りあげるのがとても大切な第一ステップとなります。フィールドワークを行う3人の留学生自身も，交換留学プログラムをつうじてわたしたちの大学に来た福井県の大学生とすでに友だちでした。つまり，わたしたちは福井県とは，すでに広範囲にわたって人間関係があったのです。こうした理由が福井でフィールドワークをすることにした大きな要因です。

　写真は，福井の山村集落で，村，大学，NPOの協働プロジェクトの棚田保全事業に参加させてもらったときのものです。わたしたちの主目的は交流ではなかったので，いっしょに草とりをしながらデータ収集にとりくみました。参加者がどのように村の人と交流しているかを観察し，参加者やプロジェクトリーダーにインタビューを行いました。

　わたしたちのプロジェクトでは，6月〜7月に福井

をふくむ三つの地方で４週間のフィールドワークを行いました。本章では３名の学生がこのフィールドワークでどのような活動をして，どのような結果をえることができたのかを報告したいと思います。このプロジェクトに参加した学生たちにとって，フィールドワークは，「日本の地方創生」というトピックを深く考え，理解する機会になりました。また，日本の地方での生活の一部を体験する機会となりました。こうした学びは，１年間の長期留学を経験したからといって，自動的にえられるものではなく，一つのテーマについて特定のフィールドで集中的に学んだからこそえられたものだと考えます。ただし，短期プログラムは１年間の長期留学より効果的だというつもりはありません。長くいるからこそ出会う文化学習の機会というのが数多く存在するからです（例：お葬式）。理想は，長期留学の中に短期の集中プロジェクトを埋め込む形式であると思います。

1　フィールドワークの準備と計画

　　プロジェクトの準備と計画は，研究助成金（ASIANetwork）の申請書の準備とともにはじまりました。ASIANetwork は，アメリカの大学生がフィールドワークをつうじてアジアに関しての理解を深めることを目的としており，学生はこの助成事業に申請を出すために研究トピックと翌年の夏に行うフィールドワークの計画を立て，情報を集めました。

(1)「日本の地方創生」について，おもに英文での先行研究論文，新聞，そしてインターネットの記事などを集めました。そして，「日本の地方で何がおこっているか，今は何が問題になっているか」という点について仮説を立てました。

(2) また，日本からの留学生，地域に住む日本人に，「日本の地方創生について」のインタビューを行いました。短期研修でおとずれた福井県からの大学生にも協力してもらいました。これは，福井や日本の地方についての情報収集という意味のほかに，留学生にとっての日本語でのインタビューの練習という役割もかねていました。

【フィールドワークの計画】

1.	調査テーマ	福井県内の地方の現状と地方創生へのとりくみを，さまざまな視点（市民，地方公共団体，NPO）から理解する。
2.	いつ	2019 年の６月～７月（福井では２週間ほど）
3.	どこで	福井県（福井市，小浜市，越前市，永平寺町など）
4.	だれに／だれと	地域住民，地方自治体職員，NPO 法人職員，大学生
5.	何を	＊福井での生活についての意見を聞く。 （「福井に関して気になっていること」） ＊地方創生についての意見を聞く。 （「福井をより元気にするには何が必要か」） ＊地元レベルでの実際のとりくみについて学ぶ。
6.	どうやって	半構造化（semi-structured）インタビュー，参与観察（参加・観察），文献資料収集
7.	準備	＊先行研究や関連文献の検討をつうじて，調査内容を整理する。 ＊福井県についての資料を読み，訪問地についての基本知識をえる。 ＊交流関係のある団体に連絡し，インタビューや参与観察の場を見つける。

【学生が作成した情報収集のまとめの例】

	出典	えられた情報	調査に役立つ点
1.	Suzuki 2013, Kotkin 2017	地方では少子高齢化が深刻な問題であるという点がはっきりしてきた。	福井でのフィールドワークにおいて,聞きとりしたい団体や人,観察を行いたい場所が見えてきた。(例：観光協会,外国人支援のNPO,外国人と日本人のふれあいの会)
2.	Knight 1994, Terada 2017	ツーリズム,外国人労働の地方創生へのインパクトがわかった。	
3.	Lanham 1996, Chung and Kim 2012 Faier 2006	日本の地方での国際結婚の影響が明確になった。	
4.	アメリカに住む日本人に対する聞きとり	日本人の多くが地方での少子化・高齢化を問題視し,危機感をもっていることがわかった。	インタビューで聞きだしたい点がはっきりして,インタビューで使う質問の内容がしぼれてきた。また,日本語でのインタビューのむずかしさがわかった。

2　地元の人のインタビュー

　今回の調査では,フォーマルなインタビューが一番大切なデータ収集の手段で,以下の点についてデータを集めました。これらの質問について,福井の人の視点で理解するというのが目的でした。

> ・福井の人（地方公共団体,市民,企業）は現状をどう見ているのか。
> ・問題点があるとしたら,それに対する対策として何がなされているのか。そこにはだれが入って,何をしているのか。
> ・福井をより元気にするために,ツーリズム,外国人労働者,結婚により定住している外国人のはたしている役割は何か。

　インタビューへの協力者ですが,わたしたちと交流関係のある団体が聞きとりの場所や時間の設定をしてくれたり,わたしたちが知っている人にお願いしたり,その知人にほかの人を紹介してもらったり（スノーボールサンプリング）しました。つまり,使えるつてはすべて使って,自分たちが話したい方々に協力をお願いしたのです。アメリカの学生たちも自分たちのネットワークを使ってインタビューのアポイントをとりましたが,おもには協力団体と協定校をとおして計画を作りました。そこで,留学生はメールの書き方として,以下の様式を使って練習し,アポイントの直前に協力者に確認メールを出しました。

> 【確認メールのサンプル】
>
> XX 様
> はじめまして。アメリカ,オハイオ州のフィンドレー大学の学生で,XX と申します。先日 YY の ZZ 様からご紹介いただきました。ご協力ありがとうございます。

予定通りお話をうかがわせていただきたいと思います。

日時：

場所：

お忙しいなかありがとうございます。お話を楽しみにしております。よろしくお願いいたします。

XX（携帯番号）

　インタビューの際には，なるべく名刺をもらってそれを使ってお礼のメール，手紙を出しました。これも，インタビューの直前にアポイントメント再確認のために出したメールのように，日本語の勉強としての意味がありました。

　日本語を学ぶアメリカ人の学生にとって，フィールドワークの目標は，一つは日本語の運用練習であり，もう一つは日本語を使って大学生として質的な調査のやり方を学ぶことです。もちろん，実際のインタビューでは，2，3年日本語を勉強しただけの留学生が半構造化インタビューを行うことはかんたんなことではありません。そこで，学生（3名）が役割を分担して，インタビューを行いました。具体的には，プロジェクトを紹介する，聞きとり調査への同意書への署名をお願いして録音の許可をお願いする，質問をする，メモをとるのに集中する，最後にお礼の品を渡すなどの係を決め，一人一人の負担を減らしました（Part Iの第4回，第5回）。

　実際のインタビューがどのような手順で行われたか紹介したいと思います。まずは毎朝筆者も交えてみじかいミーティングを行い，その日のインタビューで聞きだしたい点を再確認しました。インタビュー会場で協力者が入室してくると，インタビューは以下のようにはじまりました。

【留学生3名によるインタビューの役割分担】

学生	役割	発言内容
学生A	自己紹介	今日はお忙しいなかありがとうございます。どうぞ，こちらへ。まずは，わたしたちの自己紹介をさせてください。わたしはXXと申します。YY出身で，アメリカのオハイオ州のフィンドレー大学の2年生です。専門は……。
学生B	調査目的の提示	このプロジェクトはASIANetworkというところからサポートをもらって行っています。わたしたちの目的は，日本の地方で何がおこっているか，そして地方創生のために何がされているかを調べることです。今日はZZについてお話を聞きたいと思います。よろしくお願いします。
学生C	録音の許可と調査協力者のプライバシー保護の説明	この調査に協力してくれるみなさんのプライバシーは大切です。この紙にフィンドレー大学のポリシーがあります。読んでくださいませんか。もしよろしいようでしたら，サインをお願いします。それから，わたしたちにとって日本語は外国語ですから，インタビューを録音させていただいてあとで勉強したいと思います。よろしいでしょうか。ZZさんのお名前はどこにもだしません。いかがでしょうか。
学生A	インタビュー開始	それでは，お願いします。まずは，ZZさんのバックグラウンドから聞かせてください。どこで生まれましたか。（以下，省略）

　だいたいのインタビューはこのような形でスタートしました。協力者のバックグラウンドを理解したあと，ほとんどのインタビューはオープンエンドな（選択式ではなく，自由に答えられる）質問ではじまりました。

> ・あなたがこの地域に関して気になっていることは何ですか。
> ・この地域をもっと元気にするには，何が必要だと思いますか。

　これらの質問に対する答えにもとづいて，さらに知りたい分野について質問をしていきました。またインタビューでは，留学生の問いかけに対しての回答を参考にするとともに，インタビューのなかで相手が何について話していないかという点についても学生とともに考えました。協力者が何を大切だと思っているかは，話してくれる内容からだけでなく話さないことからもわかるからです（Part I の第 9 回参照）。たとえば，地方公共団体の職員の方に少子化対策として，出産サポート，子育て支援の話題が出ていましたが，そのような支援の対象は「結婚」していることがあたりまえのこととして考えられており，シングルマザーについての支援の話題はまったく話題に出ませんでした。また，結婚支援の話が出ているときでも，前提は日本人と日本人の結婚で，外国人との国際結婚への支援については話題に出ませんでした。もし同じ聞きとりをアメリカで行ったなら，ずいぶん違う回答が返ってきたのではないかと思います。

3　フィールドノートをつける

　フィールドワークでは，フィールドにいるすべての時間がデータ収集の機会となります。福井のフィールドワークにおいても，フォーマルな調査場所（インタビュー，参与観察）だけでなく，コーヒーショップにいるとき，テレビを見ているとき，友だちといっしょに食事をしているときなど，すべての場がデータ収集の機会となりました。街中で見るポスター，雑誌の記事などもデータとなります。学生たちはこれらのデータを，フィールドノートという形で記録しました。ここでは，留学生の実際のフィールドノートの一部を紹介したいと思います。

　留学生たちは，フィールドワーク中に 2 種類のメモをとりました。一つは聞きとりや参与観察中のメモ帳への観察ノート（Part I の第 7 回参照），もう一つはそれらの観察ノートをもとにコンピューターで入力するフィールドノートです。観察ノートは，見たこと，聞いたことを忘れないためのメモで，フィールドノートはそのメモをもとにして，自分が感じた点や疑問に思った点もふくめて，その日のすべてのことを記録しました。

　以下に紹介する学生の作成したフィールドノートの例は，みんなで地方自治体のオフィスをおとずれて職員の方に話を聞いたあとに書かれたものです。学生は自治体の職員から聞いた少子化対策の話と，地元の大学生から聞いた話のギャップを分析しています（以下，フィールドノートは筆者が翻訳したもの。団体名，個人名は仮名）。

> 【留学生のフィールドノートの例 1】（原文英語）
> 福井フレンドシップセンターでは，若者の子育て支援，結婚支援（お見合いプロジェクト）についての話を聞いた。（中略）話を聞いていて気がついたことは，わたしたちが大学生にインタビューしたときは，ほとんどの参加者が「娯楽がない」ということを地方に住みたくない理由としてあげていたが，福井フレンドシップセンターでは娯楽の話はまったく出ていなかったことだ。この差は何なのだろう。若者と官公庁の間に認識の差があることを

示しているのだろうか。それとも何かほかに理由があるのだろうか。次のインタビューで聞いてみたい。

　同じ学生が，別の日に関して次のように書いていました。この日は，日系ブラジル人の子どもたちが多く住む地域で，日系ブラジル人子弟のための学習支援活動を行っている NPO 団体を訪問しました。学生のフィールドノートは，ボランティアの日本語学習支援の様子を書くことを出発点として，地元の人から聞いた話をもとに，日本の学校教育における日本語学習支援の問題もふくめて考察しています。

【留学生のフィールドノートの例 2】（原文英語）
今日は，地元にいる日系ブラジル人の子どもに対しての支援を行っている人の話を聞いた。小さな子ども食堂の活動からはじまって，今はほかのいろいろなボランティアの人とともに，中学生への学習支援を行っている。すごい。本当にすごい人がいるものだ。自分がこの地域に外国人として住んだら，このような場所はとても大切だと思う。（中略）一方で，日本は，外国人に対する日本語支援がとても遅れている。オハイオの学校では外国人生徒は英語学習の支援が受けられるし，英語を教える人びとのための教員免許もあるが，日本ではそのようなものがまったくない。全部ボランティアだ。
この日もふくめていろいろなボランティアの人にあったけれど，この遅れは政府が何とかしないといけないのでは？　ボランティアの人たちはすごいけど，日本語教育に力を入れる学校を作るように政府に言わなければいけないという考えを聞けなかったのが気になった。

　また，留学生の 1 人が地元の人びととの対話をふりかえりながらつけたフィールドノートでは，プロジェクトのテーマである「地方創生」について書いていました。ここでは地域の過疎化の問題だけを見るのではなく，この地域のもつ魅力，課題について考えをめぐらせている様子が伝わります。

【留学生のフィールドノートの例 3】（原文英語）
（地元の）若い人（大学生，社会人）はみんな福井に不満がある。「ここはちゃんとした買物もできないし，遊ぶところも少ない」などと言っている。また，仕事に関しては「あることはあるけど，やりたいような仕事はない」「美容師になりたかったら都会に行くしかない」などと言っている。
しかし，同じ人たちが福井に住む利点もあげている。たとえば，「待機児童がいなくて，子育てがしやすい」，「共働きがしやすい環境にあるので，働きやすい」，「食べ物がおいしい」，「空気がおいしくて，自然が豊か」などだ。また，「何もないのが福井のよさだ」と考えている人にも数人出会った。
「地方創生」の方策もさまざまである。「少子高齢化」に対する危機感は，ほぼ全員から聞いたが，どうやって福井を元気にするかという質問には，福井の外で「日本の地方は，（都心からの移住者にとって）おもしろい生き方ができるところだ」というコメントを聞いた。聞きとりをとおして，「地方」の定義がさまざまであることを感じた。福井に住む人は，よさをみとめつつ不便さも感じているようだ。だから，過疎はかならずしも否定的な意味だけではないと思った。先行研究（Klien）の一つにもこの点を指摘しているものがあった。「少子化＋高齢化＋人口の都市部集中＋過疎＝地方の困窮」というのは，少し単純すぎるか

もしれない。これからのインタビューでは,「地方」のもつ多様な意味について聞いていきたいと思う。

別の学生はツーリズムについて,以下のように書いていました。

【留学生のフィールドノートの例4】(原文英語)
観光に関してはいろいろな意見を聞いた。恐竜を目玉として東京圏の家族連れをよぶアイデア,漁業体験での民泊ツーリズム,棚田を利用してイベントをするアイデアなどだ。しかし,一つわかったことは,ツーリズムのよい点は経済効果だけではないということだ。村のなかが元気になる。たとえば,若い人が歩きまわることで雰囲気が明るくなる,お年寄りの話に耳をかたむける子どもたちがくることでお年寄りが元気になるなど。「生活の質」というポイントも頭に入れながらツーリズムを考えなければならないと思うようになった。

　以上のフィールドノートを見ると,新しいデータからの学び・発見にくわえて,事前学習(先行研究,例3)やほかのインタビュー,参与観察(例2),自分が知っているアメリカ社会との比較が入っているのがわかると思います。新たな疑問点(例1,3)も書かれています。フィールドワークの初期と最後に書かれたフィールドノートをくらべると,たかが4週間といえども考察が深くなったことがはっきりわかります。たとえば,地方公共団体での聞きとりでは,「福井は3世代同居が多い,幸せナンバーワンの県です」とよく聞いた。最初は「福井では3世代同居が多い」と書いていた留学生が,最後は「3世代同居が多いというが,最近の統計では徐々に減っている。インタビューでも,「自分や自分の親は(3世代同居を)したけど,自分の子どもにはさせたくない。自分の子どもと住む気はないし,実際住んでいない。」という人に会った」とデータに深みが出てきました。

4　ふりかえり

　フィールドワークについて,一人の留学生が次のように述べていました。

日本に来てフィールドワークをはじめるまでまったく考えていなかったことがあった。それは,多くの人に聞かれた「アメリカではどうなんですか。どうやって地方を元気にしているんですか」という質問だった。アメリカにいるときには考えたこともない質問だった。少なくとも,わたしが育った地域ではあまり話題に出たことがない。日本に来て,「アメリカではどうなんだろう」と考えだした。

　実は,これと同じようなことを福井の人びとからも聞きました。インタビュー後のお礼のメールで「自分には見えなかった自分の文化のことを考える機会になった」といった感想をよくもらいました。これは交流をつうじてデータを集めるエスノグラフィーのよい点の一つだと思います。
　また,今回の調査は,アメリカ人の留学生にとっては日本語学習の機会でもありました。当初はインタビューの日本語についていけず,困っていた留学生が調査の最後のころに,次のようなふりかえりをしていました。

> ４週間たったが，日本語が格段にうまくなったとは思わない。ただ，同じ単語をいろいろなところで何度も聞いたことで，単語は増えてきた。また，先生が「似たようなパターンが見えてくるまで参与観察とインタビューを続ける」と言っていたが，たしかにパターンは見えてきた。そうすると，トピックによっては話の内容が少しずつわかるようになってきた。インタビューのやり方も，やればやるほど緊張感がうすれて，聞けるようになってきた。お礼のメールも何十回も書いたので，今は１人でもできると思う。（原文英語）

5　発　信

エスノグラフィーは，「文化の翻訳」です。今回のわたしたちの仕事は，「福井」という日本の地方文化を，そこに住む人の視点で理解して（イーミック，内部者の視点），それを外部の人（とくにアメリカ人）に理解できる形で翻訳するのが目的です。他人とフィールドワークの結果を共有することで，学びが深くなっていることがわかると思います。

右に二つの成果物を示します。一つは大学の留学フェアで学生の一人が使ったポスターで，もう一つは学生の一人が高校の日本語プログラムでプレゼンテーションをしたときのパワーポイントプレゼンテーションのスライドです。これらを見ると，かれらが福井で学んだことをどのようにアメリカで伝えようとしているのかがわかるのではないでしょうか。わたしは，共有・報告はフィールドワークの一部だと考えています。

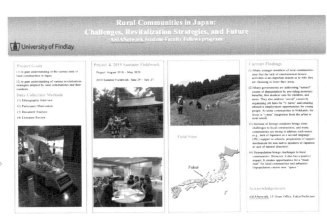

学生たちが作成したポスター（大学の留学フェアで発表した際に使用）

学生の一人が高校の日本語プログラムでした
プレゼンテーションの資料（抜粋）

6 結 び

　本章は，新型コロナウイルス・オミクロン株感染拡大下のアメリカで書いています。留学やフィールドワークという体験学習活動がほぼ停止しているなかで，「オンライン留学」という考えが広まってきました。また，AIを駆使してバーチャル空間の中で言語教育を行うという試みも進んでいます。わたしもオンラインでいくつかのプロジェクトを手がけてみました。その経験からの結論は，オンラインでの活動は学習効果はあるがフィールドワークとは質の異なる学びで，「オンライン留学」というのは適切な言葉ではないだろうという点です。

　フィールドワークという視点からのオンライン活動の最大の弱点は，非言語コミュニケーションの部分での観察が非常に限られるという点です。参与観察は，非言語コミュニケーションをとおしてのデータ収集に重きを置きます。そこで，オンライン上で可能なフィールドワークというのはどうしても限られてしまいます。留学とは非言語コミュニケーションのトレーニングの場であると考えると，「オンライン」と「留学」は相性がよくありません。ただし，オンラインでの活動を通して言語コミュニケーションのトレーニングを行うことは十分可能です。そこで，オンラインでの活動は，フィールドワーク，留学をおぎなう活動として行われるのがよいと思います。

　フィールドワークを通して言語・文化教育を行うわたしとしては，早くフィールドワークができる日が戻ってくることを願っています。

④札幌をフィールドワークする

青木麻衣子（北海道大学）

1　フィールドワークの計画

〈札幌をフィールドワークする魅力〉

　「札幌」という地名から，みなさんは何を思いうかべるでしょうか。ラーメンや海産物，アイスクリームなどの食べ物でしょうか。それとも冬の雪原やラベンダー畑のような大自然でしょうか。大通り公園のビアガーデンや雪まつりも有名でしょう。札幌には2018年には，過去最多の1580万人の観光客がおとずれました。そのうち，外国人旅行者は約五分の一を占めています。まさに，「観光都市」「国際都市」札幌と言えるかもしれません。しかし，日本や北海道というより大きな視点から「札幌」をながめたとき，そこに見えてくるのは，少子高齢化やグローバル化の影響を多分に受けた現代社会の縮図とも言える都市のすがたです。

　本章では，筆者が北海道大学で担当する「札幌を「フィールドワーク」する」という授業の概要を紹介します。この授業は，留学生と国内学生がともに日本語で学ぶ「多文化交流科目」の一つです。母語や出身地，大学での学習歴が異なる学生が，自身が生活する札幌でのフィールドワークをとおして，さまざまな視点・角度から，現代社会の諸相をとらえ，考えることを主な目的としています。

テーマを選ぼう

　この授業「札幌を「フィールドワーク」する」で学生がとりくむべき課題（テーマ）は，担当教員によりあらかじめ決められています。学生は，グループにわかれ，札幌をフィールドとして「現代社会」の諸相の一つを切りとり，かれらなりの「解釈」を提示することがもとめられます。そもそも「現代社会」とはどのような社会でしょうか。都市と地方とでは，そのありようは異なるでしょう。また，そこに生きる人びとの年代や背景により，そのとらえ方も違うかもしれません。現代社会を「管理」された社会ととらえる人もいれば，「自由」な社会と考える人もいます。何をどのように切りとるかにより，見えてくるモノ・コトは違います。そのため授業ではつねに「現代社会」の定義を考えつづけることがもとめられます。

　学生はまず，1人で街を歩き，自らが「気になった」風景を写真におさめてきます。その際，①何を撮ったのか，②なぜその風景が気になったのか，③そのとき自分はどんなことを感じたのかをメモしておき，授業内でほかの学生と共有します。最終的な課題達成のためのフィールドワークは，国内学生と留学生の混合グループで行いますが，このときの関心の整理が，グループで，どこをフィールドに，どのような切り口で調査を進めていくかを考えるうえで重要になります。学生は，グループにわかれ，現代社会の諸相からその一つの特徴を掘りさげるために，調査対象となるフィールドを決めていきます。

【学生のフィールドワークの計画（例）】

1.	調査テーマ	「現代社会」の諸相をさぐる 例：とくに現代人の消費行動について考える
2.	いつ	12月初旬から1月中旬までの間の1ヶ月半 グループで4回訪問（平日・休日の日中と夜間）
3.	どこで	札幌A地下街
4.	だれに／ だれと （調査協力者）	・A地下街を利用する人たち ・A地下街の店舗で働く人たち
5.	何を （調査項目）	A地下街を利用する人びとの行動とその理由， またそこからうかがえる現代社会の諸相の検討
6.	どうやって （調査方法）	・先行研究・資料による事前調査 ・観察 ・A地下街を通行する人，店舗に対するインタビュー
7.	準備（アポイント メントなど）	事前の関連文献・資料などの検討と観察により， インタビュー内容の整理・明確化

　これまでの授業で学生がフィールドワークを行ったのは，次のような場所です。大通り公園，地下歩行空間「ちかほ」，札幌地下街，狸小路商店街，北海道神宮，学生食堂，教会，ネットカフェ，中華料理店，大型書店，衣料量販店など。これらのフィールドには，札幌特有の場所もありますが，札幌以外でもよく目にする場所もあります。たとえば，大通り公園は，北海道の有名な観光地ですが，学生が，その成り立ちやそこを利用する人びとの背景や目的・用途を調べていくなかで，人びとのいこいの場としての公園が，都市の発展とともにイベント会場へと変化していく様子をうかがうことができました。また，名古屋の同様の公園との比較を行うことで，大通り公園と札幌の特徴を抽出することができたようです。また，都市ではたいてい1店舗はあると思いますが，大型書店でのフィールドワークからは，近年の電子書籍の流通にともない，積極的にイベントスペースや交流の場に変化しようとする書店の新たな役割を確認していました。

2　背景情報を調べよう：地域の資料収集のポイント

　グループでフィールドを決めたら，その場所に関する資料・情報を集めます。その場所に関する内容であれば，どんな些細な情報でもよいでしょう。最近では，ネット上で公開されている情報も少なくありません。しかし，そのような情報には，信ぴょう性の疑わしいものや個人情報などに配慮しなければならないものもふくまれています。そのため，授業では，ネット上の資料に関しては，基本的に「公的な」もののみに利用を制限することをルールとしています（Part I 第3回参照）。

【資料の例】

	出典	情報のまとめ	調査に役立つ点
1	札幌地下街 HP (https://www.sapporo-chikagai.jp)	札幌地下街の公式HP。どのような店舗があるのかが，飲食店もふくめ，網羅的に紹介されている。各種イベント情報なども掲載されている。	フィールドに入る前に全体像を把握するうえで必要。
2	札幌市 HP	札幌市公式HP。	札幌市における都市開発の歴史・現状を年表的に整理。
3	『現代消費者行動論』（松江宏，村松幸廣編著，創成社，2015年）	現代社会における人びとの消費行動について，時代背景とともにさまざまな視点から検討している。	現代社会における地下街と消費との関係の検討に役立つ可能性あり。

　また，フィールドに関する資料・情報とともに，その場所から見えるだろう現代社会の特徴に関する検討も，あわせて継続的に行っていく必要があります。たとえば，このあと内容をくわしく見ていきますが，A地下街をフィールドとした調査では，A地下街についての資料はもちろんのこと，札幌における地下街の発展や全国における傾向，さらには現代における人びとの消費行動についての文献などもフォローする必要があるでしょう。

　いったん本格的にフィールドワークをはじめたからといって，学生がこのような文献調査を終了する必要はありません。フィールドワークでの気づきを通してさらに必要になる資料・情報も出てきます。学生には，文献調査（資料）とフィールドワークとの往還が重要であることを伝えています。

●留学生との協働のポイント

　留学生と日本人学生による協働学習を基本とする「多文化交流科目」では，多様な背景をもった学生どうしだからこそ気づくことも少なくありません。近年，外国人観光客や日本に住む外国人の増加により，さまざまな情報が日本語以外の言語でも公表されていますが，それらは日本語で出される情報とは，少し内容が異なることもあります。また，日本のサイトで公開されている情報と海外のサイトで公開されている情報とに，内容や表記といった点で違いが見られることもあります。グループ活動の際に，それらの違いやその背景・要因について考えるのもおもしろいと思います。

3　フィールドワークをしよう

観察のポイント

　フィールドワークを行ううえで，「フィールド」の選定はとても重要です。その場所をとおして何が見えるのか，何を見たいのかをきちんと説明することは，かんたんなことではありません。そのため，フィールドを決めるまでに，何度もその場所に足を運ぶことは重要です。

　また，近年では，個人情報の保護や研究倫理の問題から，その場所で調査を行いたいと思っても，それができないこともあるでしょう。それに，授業のようにあらかじめ期限が決まっている場合には，その期間内に調査が終えられないという時間的制約もあります。たとえば，こ

の授業でも，インタビュー調査を行うために所定の手続きが必要で，発表までには間にあわず，やむをえずフィールドを途中で変更したグループもありました。フィールドワークの遂行には運も必要だと言われますが，まさにさまざまな条件が重なり調査ができるということは，つねに意識しておく必要があると思います。

　授業では，フィールドの選定に際して，①個人で行ってみる，②グループで行ってみる，③資料を調べたあと再度行ってみるという三段階で検討することを奨励しています。もちろん，グループの人数が多ければ，全員のスケジュールをあわせることはかんたんではないかもしれません。ただその場合でも，フィールドでの「気づき」はかならず全員で共有することにしています。とくに，この授業のように，多様な背景をもった人びとが協働で行うフィールドワークでは，自分とは異なる視点・角度からの「気づき」が，その後のテーマの検討に際して重要な意味をもってくることも少なくありません。

　また，どのような曜日・時間帯にその場所に行くかにより，フィールドの見え方は異なります。たとえば，人びとの行きかう地下街は，通勤・通学時間帯と日中では，そこにいる人びとの属性が違います。また，地下街によっては，特設ブースなどのスペースがあり，週末や連休，年末年始には，イベントをしていることもあります。フィールドに選定する場の全体像や「日常」を把握するうえでも，条件を変え，継続的にフィールドをおとずれることは重要です。

　観察に際しては，デジカメやスマホで写真を撮りつつメモを残すのが一般的だと思いますが，写真撮影には細心の注意が求められます。授業などの成果物にふくめて利用する際にはもちろん，それ以前にも撮影の許可が必要かどうかや個人が特定できる写真の使用は行わないなど，事前に学生と共有しておかなければならない事項も多くあります。この授業では，「研究・調査倫理と情報の扱い方」について，1回分の授業をあて，学生にさまざまな例をとおして考える機会を提供しています。

【観察記述の例】

写真	記述例
	地下街は，地下通路の役割をはたしており，ところどころに地上に出られる階段がある。この写真は，その案内を示したもの。特に冬の間，雪に閉ざされる札幌にとって，地下歩行空間は必要不可欠である。人びとの歩くスピードが速い。地下街の途中で地上にあがる人も多い。
	地下街の両面には，店舗が続いている。各店舗は奥行きがせまく，店内全体を見渡すのもかんたんである。通行途中の人びとが立ちよりやすいような構造を意識していると考えられる。

4　インタビューの実施と結果のまとめ

　インタビューでは，文献資料や観察からではわからない，その場所に生きる人びとの生の声

を聞くことができます。しかし，PartⅠでも指摘されていますが，インタビューは，それに協力してくださる方々の参加なしには成り立ちえません。そのため，個人情報への配慮はもちろんのこと，相手の都合や立場，意見をつねに尊重する姿勢が必要です。

　ひとえにインタビューといっても，立ち話のようなインフォーマルなものから，いわゆる面接試験のようなフォーマルなものまで，さまざまなタイプがふくまれます。それにより，調査協力への同意の確認の方法も異なるでしょう。事前のアポイントメントを必要とするようなインタビューでは，書面により調査の目的・内容を説明し，同意をえることが一般的であることを学生に伝え，必要に応じ，それらの文書の確認も行っています。

インタビューの質問を作る

　いかなるインタビューでも，事前にどのようなことを質問するのかについて，きちんと準備しておくことが大事です。地下街をフィールドとしたグループは，そこを利用する（通行する）人とそこで働く人を対象にインタビューを行いましたが，とくに前者（利用者）は，通勤・通学途中であることも多く，協力してくれる時間は非常にみじかいことが，事前に想定できました。そのため，このグループは，事前にインタビューの目的を明確化し，質問項目をかなりしぼりこむ必要がありました。

　この授業では，各グループにわかれ，フィールドワークとは異なる内容で，おたがいにインタビューの練習をする時間を設けています。どのようなことを，どのような順番で，どのように聞くのかはもちろん，グループでのインタビューを前提としていますので，インタビューの際，だれがどのような役割を担うのかも事前に検討してもらいます。また，普段の生活ではあまり意識していないかもしれませんが，10分，15分という時間の「長さ」を事前に体験し，確認しておくことも重要でしょう。友だちとのおしゃべりでは，10分，15分という時間はあっという間かもしれません。しかし，同じ時間でも，はじめて会う人に話をうかがう場合は，意外に長く感じられるものです。

　かぎられた時間を有効に活用するために，すでに公開されている情報には，事前にきちんと目をとおしたうえで，インタビューにのぞむ必要があります。すでにわかっていることは何か，そのうえで何がわからないのか，何を知りたいのかを相手に的確に伝えるよう，学生には話しています。

学生の作成した質問例

　札幌のA地下街をフィールドワークしたグループは，下記の内容にしぼって，インタビューを行いました。これらの項目は，かれらがそれまでに行った文献調査および観察をふまえたものであり，かれらが本当に聞きたいこと，聞く必要のあることにかぎられています。

- ・（利用者に対して）どのようなときに地下街で買物をするか
- ・（利用者に対して）なぜ地下街を利用しているのか
- ・（利用者に対して）この地下街に対してどのような印象をもっているか
- ・（店員に対して）どのような利用客が多いか
- ・（店員に対して）（観察の結果疑問に思い）店の構造はどのようになっているのか

インタビュー後の対応とポスター発表のワンポイントアドバイス

　無事にインタビューがおわったら，きちんとお礼を伝えることは重要です。学生に，その際，

インタビューで教えてもらったことをどのように使用したのかを伝え，また機会があるのなら発表の場にもいらしていただけるようお声かけをするようにうながしています。

この授業では，グループでのフィールドワークの総括として，ポスターによる発表を課しています。ポスターは，パワーポイントで作成します。ポスターにふくめる項目は，①題目とグループ全員の名前，②フィールドとした場所の写真，③なぜその場所をフィールドとしたのか，何を明らかにすることを目的としたのか（背景・目的），④それを明らかにするために，どのようなことをしたのか（調査方法），⑤明らかになったこと（考察），⑥この発表を行うために使用した文献のリスト，です。

学生のポスター（例）

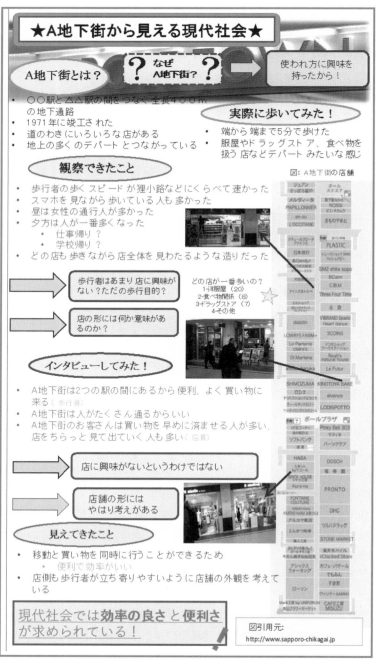

日本語にまだそれほど自信がない学生も，ポスター作りであれば，デザインの選定などで力を発揮できるかもしれません。また，これまでの調査でえた漠然とした，ときに膨大な量の情報も，1枚のポスターにおさめる努力をすることで，その道筋が見えてくるでしょう。

5　発表に関するふりかえり

フィールドワークをするなかで，ふりかえりの時間を定期的にもつことは大切です。この授業では，時間的制約から，各グループがフィールドにおもむき実質的な調査（観察・インタビュー）を行うのは，授業時間外と設定しています。授業は，1週間の間に各自行ったことをグループで共有し今後の方向性や内容について話し合う場であり，教員と面談する時間です。また，フィールドの選定と今後の調査方法・内容について報告する構想発表とフィールドワークの中間報告にあたるポスター発表では，授業に参加する学生や教員からコメントをもらい，各グループ・各自のふりかえりに役立てます。これらのプロセスをへて，学生は最終的に各自のレポートをまとめます。

6　個人レポートの作成

学生のふりかえり記述例

A地下街でフィールドワークを行ったグループのポスター発表には，次のような意見・感想が寄せられました。それらのなかには，発表内容についての意見はもちろん，ポスターの形式や発表の仕方についての意見・感想などもふくまれます。学生は，これらの意見・感想を参考に，グループで行ったフィールドワークをふりかえり，各自レポートを作成することをもとめられます。レポートでは，グループでえられたまとめから，さらに一歩踏みこんで，各自の考察をくわえることも要求されています。

- 店の特徴についてまとめられており，よい着眼点だと思った。洋服やドラッグストアが多いことが意外だった。
- 通行人の人数や店舗数，店舗の種類・数など具体的な数値をもちいてもよかったのではないかと思う。
- 歩行空間になっていることを生かしたお店の作りになっているのがおもしろいと思った。
- 調査結果から導かれた現代社会の諸相がおもしろかった。「ながら」を楽しみたいというのは，本当にそのとおりだと思う。
- ポスターの色がカラフルで見やすかったが，統一性をもっともたせてみてはどうか。

レポートの前半では，グループで行ったフィールドワークについてまとめます。この部分は，すでにポスターで発表した内容を文章化したものとなるため，グループで同じ内容・文章で構わないこととしています。具体的には，フィールドとした場所についての説明，調査に至った背景・目的，これまでの研究で明らかにされてきたことと仮説，具体的な調査方法と結果についてのまとめが説明されます。A地下街を調査したグループは，主として観察とインタビューによってえられたかれらの「気づき」を，以下のようにレポートにまとめています。

　　観察した時間帯は，平日と休日の日中と夜間の4パターンである。A地下街は，駅と駅とをむすんでいるため，人通りは多かった。また，多くの出口があり，デパートなどの大型の施設や××商店街にも直結しているため，移動のための通路としてのみ利用されているという印象を受けた。そして実際に，多くの店舗が存在しているにもかかわらず，店のなかに入って買物をしている人は少なかった。人びとが歩くスピードも速く，スマホを見ながら歩くなど，店舗にはまったく関心がなさそうな人もいた。また，〇〇駅周辺とくらべると，観光客の数はずっと少なかった。一方，各店舗に目をむけると，家庭へのおみやげを買える洋菓子屋やパン屋の客がほかの店舗にくらべ多いことに気づいた。また，飲料や洗剤などの生活用品もあつかっている薬局の出店も多かった。くわえて，店舗の形状に着目すると，奥行きがせまく，客がゆっくり買物をすることが想定されていないようだった。

　　そこでわたしたちは，A地下街の利用者については，1）どのようなときにA地下街で買物をするか，2）なぜA地下街を活用するか，3）A地下街に対してどのような印象をもっているかを，そして，各店舗の店員には，どのような利用客が多いかを取りあげてインタビューをすることにした。インタビューをした時間帯は平日の日中に限定されてしまったが，計10人程度から話を聞くことができた。歩行者からは「A地下街は2つの駅の間にあるから便利」といった話や，「移動の途中にたちよることができる」，「人通りが多く雨や雪にも濡れないから安心」といった，肯定的な意見を聞くことができた。店舗については，着物店，薬局にインタビューに応じていただき，「買物客はすばやく買物を済ませる人が多い」「店を一瞬だけ見て何も買わずに出て行く人が多い」「客の平均的な滞在時間がみじかい」といった声を聞くことができた。

　　以上の調査結果から，次のことが明らかになった。通行人に注目すると，A地下街に行くことを目的に現地をおとずれている人が少ないことはまちがいない。しかしながら，インタビューからはA地下街の商業施設がまったく利用されていないわけではないことがわかる。また，店舗の特徴的な形状は，歩行者が次の電車までのちょっとした空き時間や待ちあわせなどで時間があまってしまったときなど，とくに何を買うかも決まってなくてもたちよりやすいように作られている。つまり，繁華街間の移動や帰宅，通勤の際に気軽にたちよれることがA地下街のよさであり，A地下街の利用状況は，ネットで何でもできる現代における，「ながら」「ついで」という利便性・効率性を象徴していると考えた。

　　この授業で課題に掲げているテーマは，最初に述べたように，「現代社会の諸相」です。学生は，あるフィールドから見える事象をとおして，現代社会とはどのような社会なのかを考えつづけなければなりません。具体的な事象と抽象的な理念の往還は大変な作業ですが，このグループでは，A地下街におけるフィールドワークをとおして，現代社会が求める利便性・効率性の一端を示したことになります。

　　レポートの後半では，グループでえた「気づき」や整理から一歩進めて，個人の考察をまとめます。一度「こたえ」を出したテーマに新たな考察をくわえることは，こちらも容易ではありませんが，グループワークの際にはうまくのせられなかった意見や考えを，ここで発散・吸収するようにしています。また，「比較」の視点をもつことで，新たな気づきにつなげるとの期待もあります。

　2020・21年度はコロナ禍にありオンラインでの授業提供を余儀なくされたため，従来のグループでのフィールドワークから個人のフィールドワークへと体制を変更しました。しかし，「フィールドワーク」を基礎から学ぶ学生にとって，時間的制約のあるなか，個人で作業を進め，一定の結果を導き出すのは容易ではありません。また，多様な背景をもった学生どうしの交流が，フィールドやテーマを多角的かつ俯瞰的な視点から眺めるのに有益であることにも，改めて気づかされました。フィールドワークは必ずしもグループで行うものではありませんが，授業で実施する際には，そのメリットは大きいと言えるように感じます。

⑤人の移動をてがかりに地域史をさぐる

満州移民，戦時動員

高柳俊男（法政大学）

　　本章では，長野県南部の飯田・下伊那地域を舞台に，10年あまり実践してきた留学生むけの研修を紹介し，地域調査における事前学習の重要性とその具体的方法を示します。また，本研修では，地域における人の国際間の移動に着目し，戦前における日本人の満州への移民（満蒙開拓団）や，逆にダム建設などにおける朝鮮人・中国人・欧米人戦争捕虜の強制労働，そしてそれらが現在のわたしたちにおよぼしているものも留学生とともに考えます。人の移動は過去の話だけでなく，現在も地方から都会への人口流出や，逆に都会から地方へのＵターンやＩターン，いわゆるコロナ移住，新たな外国人の流入などとして一般的に見られ，それが地域の変貌や活力に影響をあたえています。

　　この研修はおもに外国人留学生が対象で，日本を東京だけではなく，地方の視点も入れて多面的・重層的に認識してもらうという趣旨です。ただし，日本の多様性について具体性をともないつつ理解することは，日本出身の学生（国内学生）にとっても必要な「学び」ではないかと考えます。

1　フィールドワークの事前学習の重要性

　　ある地域に長期間暮らすなら，なんら前提知識なく現場に飛びこんでも，徐々に見えてくるものがあるかもしれません。しかし，大学における研修はふつうそれほど長いものではありませんので，事前にその地域についてしっかり学び，自分なりの興味関心をもって現地に行くことが決定的に重要になります。そうしないと，単なる物見遊山や表面的な把握にとどまり，最悪の場合は現地の人びとに迷惑をかけることになりかねません。ある地域に切りこみ，その地域のもつ魅力や課題を深く理解するためには，やはり事前学習が決定的に重要です。

　　この研修では，表1のような事前学習を授業として実施しています（よりくわしくは，各回の授業内容を解説した高柳（2016）を参照）。

2　地域に対してどう切りこむか？

2-1　地域をミクロの眼とマクロの眼でながめる

　　あるテーマで地域に入ろうとする場合，そのテーマが一つの自治体だけでなく，複数の自治体に広がりをもっていることがふつうで，地域をマクロの眼で幅広くながめることがもとめられます[1]。

　　飯田・下伊那地域の外国との関係であつかうべき最重要のテーマが，農村経済が不況におちいった1930年代以降，中国東北部に送りこまれた満蒙開拓団や満蒙開拓青少年義勇軍ですが，これは飯田のみならず下伊那郡下の自治体が多かれ少なかれかかわっています。とくに，民間の努力で2013年に開館した阿智村の満蒙開拓平和記念館は，多くの地域住民に犠牲を強いたばかりでなく，現地の中国人にも多大な迷惑をかけた満蒙開拓について，客観的に記録・記憶することで相互理解や友好の発信基地にしようという施設で，「負の歴史」をプラスに変えよう

表1　事前学習授業の概要（1学期間の授業[2]）

回数	テーマ	学習内容
第1回	導入	
第2回	飯田・下伊那の概況①	飯田・下伊那地域にある1市3町10村について，行政区分，地形，気候，交通，物産などの概況を見ていく。
第3回	飯田・下伊那の概況②	前回に続いて，飯田市のなりたちを考える。周辺町村との合併の歴史もふまえ，飯田市の統一性と多様性を具体的に考察する。
第4回	飯田・下伊那の歴史	飯田・下伊那地域が経てきた歴史の概要を，戦後史に重点を置きつつ，古代から現代まで通史的に学ぶ。
第5回	飯田線建設史①	現在のJR飯田線，とくに旧三信鉄道の建設史を，アイヌの測量士カネトや朝鮮人労働者に焦点をあててみていく。
第6回	飯田線建設史②	前回学んだカネトについて，近年，住民自身により上演されている合唱劇をDVD鑑賞しながら，再度考える。
第7回	満州移民の歴史①	この地域から多数渡って行った満蒙開拓団や満蒙開拓青少年義勇軍について，その史実と背景を学ぶ。
第8回	満州移民の歴史②	満蒙開拓青少年義勇軍について，そのテーマで作られたアニメ映画『蒼い記憶』をDVD鑑賞しながら，再度考える。
第9回	満州移民の歴史③	現在，この地域の人びとが，満州移民の歴史やその結果として生まれたいわゆる中国残留孤児・中国帰国者のことを，どう後世に伝えようとしているかをさぐる。
第10回	飯田・下伊那の多民族共生の現在	外国人が増え，市として外国人集住都市会議に参加している飯田市における外国人の実態や，国際化・多文化共生のとりくみについて考察する。
第11回	飯田・下伊那の文化①	人形浄瑠璃や歌舞伎など，この地域に残る各種の伝統民俗芸能や，それをもとにした現在の文化イベントについて知る。
第12回	飯田・下伊那の文化②	この地域の特色ある文化活動として，長年続く郷土雑誌や，活発な公民館活動について知る
第13回	飯田・下伊那の文化③	この地域ゆかりの文化人について，自校教育との接点もふくめて取りあげる。
第14回	まちづくりや自然との共生	早くからグリーンツーリズム，エコツーリズム，都市農村交流などを唱え，実践してきた飯田市のとりくみを学び，地域おこし協力隊など若者による地域活性化の活動にも触れる。

1) ある地域に行って研修やフィールドワークを行う場合，その自治体の担当課を窓口とし，資料やアドバイスをもらうのが通例です。それは大事な作業で，担当課と良好な関係を保つことは大切ですが，先方に過度に頼りきりになるのは問題です。というのは，自治体に見学地などの紹介を頼むと，行政区域の範囲内でみつくろってくれますが，自分たちの研修コンセプトに応じて，ときには中心的にお世話になる自治体の枠を越えて幅広く見渡すことが大事だからです。

2) 事前学習を1学期間（週1コマ）の授業として立ちあげることができたのは，実に幸いでした。学部名にある「国際」と「文化」をキーワードに，現地に行く前に知っておいたほうがよいと思われる内容を14回分の授業としてくみたててみました。授業名は「世界とつながる地域の歴史と文化」で，そこに「個別を究めることをつうじて普遍に至る」という，この授業の方向性が示されています。筆者が担当者になった際，現地で具体的に何を見学し，どんな人びとと交流するかなど，研修の詳細は一切決まっていませんでした。そこで，まずは自分が研修地関連の文献を読み，現地をおとずれて地域への理解を深めるなかで，研修プログラムを徐々に固めていくことになりました。その詳細は別の文章（末尾の高柳（2013））にまとめてありますのでここではくりかえしませんが，研修の導入決定から正式実施まで2年間かけて，研修の形が徐々に固まっていきました。

という試みとして注目されます。

　同じく，「負の歴史」への直視は，戦時下に強制連行中国人や連合軍捕虜などによって建設された平岡ダムの強制労働の歴史から目をそむけず，村史や慰霊碑に明記した天龍村の姿勢からも見てとれます。

　また，この地域の文化では，江戸時代に伝わった人形浄瑠璃や歌舞伎がいまも複数あり，そうした伝統文化の存在が，40年以上の歴史をもつ「いいだ人形劇フェスタ」などの現在の文化活動につながっていることが関心を引きます。飯田の黒田人形や今田人形だけでなく，阿南町の早稲田人形や大鹿村・下條村の農村歌舞伎も活動を継続しています。

　以上のように，わたしたちの場合，研修地の中心都市である飯田市だけでなく，3町10村をもつ下伊那郡にも視野を広げ，さらに天竜川水系とかつての養蚕文化という共通点をもつ上伊那地域や，隣接する木曽・諏訪地域もふくめて目くばりをしています。より広くは，「三遠南信」という，愛知県東部（東三河）や静岡県西部（遠州）との，県境を越えたネットワークにも注意するよう指導しています。

　地域をマクロの眼でながめると同時に，ミクロの眼でこまかく見ていくこともかかせません。当地で育ち，飯田こそ自分の絵の「原点」と公言する画家の原田泰治のいう，「鳥の目と虫の目」です。飯田市でいうと，現在の飯田市は戦前の1937年の成立後，戦後15の自治体が順次合併をくりかえしていまの形になりました。旧町村ごとに異なる文化や産業があり，いまでも旧町村単位の地区が人びとのアイデンティティーのよりどころとなっています。「飯田市」といってひとくくりにせず，旧町村ごとにこまかく目配りしていくことではじめて理解できる事象が多々あり，それは下伊那郡下のほかの自治体でも同様です。ある地域を細分化すると「大字」・「小字」とよばれる区分までいきますし，歴史的にも近世や中世まで視野に入れると膨大になりますが，少なくとも2005年前後の平成の大合併はもちろん，1950年代後半ごろの昭和の大合併期以前までさかのぼって，その後どう合併や分離をくりかえして現在にいたるのかを頭に入れておくことが重要です。

　その際，筆者が念頭においているのが，地域コミュニティーの核の役割をはたす小学校の存在で，機会があるたびに小学校を個人的に訪問し，その学校固有の話をうかがっています。たとえば，かつて紙すきがさかんな地域で，いまも自分の卒業証書を自分ですく学校があるかと思うと，1950年代に建てられた円筒校舎がシンボルになっている学校もあります。飯田の場合，旧町村にあった小学校はすべて残っていて，地区をまとめる役割をはたしています。一方で，かつては多数あった分校は，本校に格上げされた一校をのぞいてすべて閉校になっていますが，これも地域の盛衰を知る大事な要素で，可能なかぎり跡地巡りをしています。ただの更地になっている場合，工場や文化施設として再利用されている場合，宿泊施設として生まれ変わった場合など，その後の利用方法はさまざまで，地域を知る一つのカギになります。

2-2　地域のキーパーソンと知り合う

　自治体は，役場の担当者はもちろん，地域を動かす重要人物を仲介してくれますが，同時に書籍やインターネットなどのさまざまなツールを活用して，地域を理解するうえで重要な人物を探しだし，関係をむすぶことが大事です。

　わたしたちの研修についていえば，たとえば国際関係では，多くの自治体に国際交流推進協会のような組織があり，中国・韓国・ブラジルなど，国ごとの友好協会をもつ場合も少なくないでしょう。

　また，地域の歴史を深く知ろうとする際には，郷土史家などをたずねることになります。地元の学校教師を歴任した方が多く，教育会や史学会などの団体を結成し，刊行物を出している

場合もあります。飯田の場合は，人口10万人程度の自治体としてはめずらしく，市が立派な歴史研究所を設置し，報告書の刊行や市民講座の開催など，活発に活動しています。ほかにも，図書館，博物館，美術館，公民館などの公共文化施設をはじめ，文化の振興や地域活性化などのテーマをかかげて活動する民間の文化団体の関係者は，チェックすべきポイントでしょう。場合によっては，行政に批判的な市民団体も，地域を多面的に知るてがかりになります。

　最近注目されるのは，外来者の存在です。過疎化や少子高齢化に悩む中山間地域の自治体では，程度の差こそあれどこでも地域外からの移住者をつのっており，飯田・下伊那地域でもたとえば売木村のように，外来者が人口の実に三分の一にも達する自治体があります。外来者の流入でトラブルになることももちろんなくはありませんが，地域の活性化につながり，新たな文化や発想をもちこんで地域を豊かにするきっかけにもなっています。とくに，総務省の地域おこし協力隊員や集落支援員などとして入ってきた若者が，地域のために献身的に働き，期間終了後も現地にとどまって自治体職員になったり，ゲストハウスやカフェを立ちあげたりする例が多数見うけられます。こうした外の眼と内の眼をあわせもつ若者の存在は，地域の将来を考える際に貴重であり，地域で研修を遂行する際にお世話になることが少なくありません。

　また，筆者の所属する大学は大規模大学のため卒業生が全国で暮らしており，飯田・下伊那でも行政，教育，メディア，観光，実業などの各分野で活躍しています。研修では，そうした卒業生のネットワークも大いに活用しており，成果発表会で有意義なアドバイスをもらったり，終了後の慰労会に招待して交流したりして，先輩たちとの絆を深めています。

2-3　地域固有の資料を収集する

　ある特定の地域で研修を行う場合，その地域に関する資料を集め，研修や事前学習に活用することになります。とくにどこでも手に入る一般的な本ではなく，なかなか入手しにくいもののその地域への理解に役立つような資料が多数そろうと，研修や事前学習がやりやすくなります。

　具体的には，地方小出版の書籍，自治体史や行政の非売品の報告書，博物館・美術館などの図録や目録，公民館の刊行物や公民館報縮刷版，学校の周年記念誌・閉校記念誌や郷土史副読本，自費出版書籍などです。もちろん，書籍だけでなく，雑誌やパンフレット類も重要な資料となりえます[3]。

3　研修計画表の作成

　筆者の学部の留学生は，2年次にこの地域研修への参加と，前提となる事前学習授業の履修

---

3) 筆者の学部では，研修の正式開始と同時に学部資料室に「飯田・下伊那文庫」を立ちあげ，現在約2,000冊の書籍類を所蔵しています。新刊注文，古書注文のほか，寄贈を依頼したものも多く，なかには関連書を集めていることが知れわたり，関係者自身から寄贈のお申し出をいただく場合もあります。通常はここまで多く集める必要はないかと思いますが，重要なものを中心にひととおり揃えておくことは，研修地に対する学生の関心を高める意味でも重要です。映像の場合も同様です。なかにはネット上で見られるものもありますが，過去の貴重な作品もふくめて，研修地関連映像も多く集められればそれに越したことはありません。地元のケーブルテレビ局に自社独自制作の作品があって，ご提供いただけることもあります。「飯田・下伊那文庫」では，養蚕，飯田線建設，満蒙開拓，戦時疎開，飯田大火，リンゴ並木，1961年の三六災害，伝統芸能，人形文化，菱田春草はじめ著名な文化人，アニメのいわゆる聖地巡礼もの，地域活性化，山村留学など，多くのテーマの映像を400本ほど集めています。飯田市立中央図書館には，郷土史コーナーに膨大な書籍と複数の個人文庫があり，また特定のテーマに関して図書館員が「ファイル資料」を作って公開しているので，それにくらべると「飯田・下伊那文庫」は微々たるものですが，研修地に関する資料をこれだけ集めるとほとんどのテーマに対応でき，重宝しています。

が必修となっています。留学生の人数は年によって違いますが，毎年 5 〜 10 人程度，国別では中国と韓国がほぼ半分ずつです。研修参加者は例年，以下のような研修計画書の作成をもって，1 学期分の事前学習のまとめとしています。というのは，後述するように，8 日間程度の現地研修期間の最後に，全員が自分の決めたテーマで個人発表をすることになっているからです。

> 【課題】
> 全 14 回の事前学習授業をふまえ，8 〜 9 月に実施される地域研修にむけて，現時点での研修計画書をまとめなさい。その際，「自分がとくに追究したいテーマ」「そのテーマに興味をもった理由」「そのテーマに関して授業で学んだこと」「そのテーマに関して自分で調べて明らかになったこと（参考文献明記）」「そのテーマに関してこれから研修まえに調べておきたいこととその調査方法」「そのテーマに関して研修中，現地で見聞・調査したいこと」の六つの項目を立て，それに沿ってまとめること。

　参加学生がどのようなテーマを選ぶかは年によって異なりますが，たとえば以下のものです。選んだ理由としては，自分の出身地の中国・韓国に関する内容だから（その割には知らないことだから），自国とは異なる日本らしい文化だから，自国の類似の文化と比較してみたいから，自国にも同様の現象があり，その解決に役立てたいから，などさまざまあげられます。
　そのテーマを深化させることができるよう，テーマが決まったら教員からアドバイスをあたえ，連絡をとるべき人物や読んでほしい関連書籍などを教えます。

> 【テーマの例】
> 満蒙開拓，外国人の強制労働，飯田・下伊那の多文化共生，飯田の食文化，伝統芸能（人形文化），リニア中央新幹線，地域活性化，まちづくり，公民館活動，下條村の少子化対策，など。

> 【学生のみなさんへのアドバイス（まとめ）】
> 調査テーマに必要な情報を集めるために，地域の関係者と連絡をとりましょう。学生個々人のテーマに応じて，現地の自治体職員，公民館職員，学校関係者，博物館の学芸員，民間団体の中心メンバー，地域おこし協力隊員などの関係者が仲介できます。調査に必要な文献，パンフレット，映像なども紹介可能です。過去に研修に参加した留学生を紹介することもしています。

　もちろん，このようにアドバイスしたからといって，留学生すべてが全面的に応じるわけではありません。本学部では，演習（ゼミ）は基本的に 3 年次からで，まだゼミに入っていない 2 年次段階の留学生には，みずから何かを調べるという積極性の面でも，日本語への自信の面でも，一歩踏み出すのをためらう人も見うけられるようです。しかし，次年度からの入ゼミにむけてのよい訓練となるので，進んでアドバイスを要請してくる学生もかならずいます。みなさんも，キーパーソンや関連資料などに関して，担当教員に具体的なアドバイスをもとめてみましょう。

4　留学生の自由行動日の調査

　表 2 は 2019 年度に実施した研修の大まかなスケジュール表です。

表2　2019年度の研修スケジュール表（抄録）

日目	学習内容
1	飯田線乗車体験（アイヌや朝鮮人労働者の労働にも思いをはせる） 飯田市内散歩，図書館で必要な資料の借用
2	美術博物館参観，満蒙開拓関連施設見学
3	多文化共生施設（日本語教室，中国帰国者むけのデイサービス）での交流活動
4	自由行動日①
5	下伊那郡1泊旅行1日目：平岡ダムおよび慰霊碑見学，人口500人台の村を体験， 外国人地域おこし協力隊がはじめたゲストハウス泊
6	下伊那郡1泊旅行2日目：過疎の村の小学校訪問，住民との交流
7	自由行動日②
8	地元高校での個人成果発表，高校生との交流 公民館での個人成果発表，研修の総括と慰労会
9	中央アルプス見学，帰京

　研修のスケジュール表に明らかなように，本研修では「自由行動日」を組みこんでおり，今年度からは計2日間としました。それは研修最終日の前日に，よくあるグループ発表ではなく，自分で決めたテーマにそって，個人ごとに成果発表をしてもらうことと関係しています。午前中は地元の高校で高校生を相手に，午後は公民館で一般市民を対象にして発表します。

　前述のように，留学生は春学期の事前学習授業で研修計画書を書き，夏休み中もそこに記した方針や教員からのアドバイスにしたがって，準備を着々と進めることになっています。しかし，実際には夏休みに入ると同時に母国へ帰り，研修直前にまた日本にもどる留学生が多く，自国でインターネットを利用して少し調べる程度の準備しかしていない場合が少なくないようです。とはいえ，研修に出れば，数日後には外国語である日本語での個人発表が待っているので，留学生たちは自由行動日に自分で調べたり，関連スポットに足をはこんだり，関係者に会ったり，人によってはアンケートをとったりして，必死にとりくみます。そして，その結果をパワーポイントでまとめる作業をします。日本語や内容のチェックは，担当教員とボランティア補助員として参加している一般学生が行います。

5　成果発表

　ここに成果報告の全体をお見せすることができないのは残念ですが，ユニークなものをいくつか紹介しておきましょう。何年かまえに，平岡ダム建設における外国人強制労働をテーマにした中国人留学生がいました。研修の公式スケジュールでも，平岡ダム自体と，その建設過程で犠牲になった中国人を「烈士」として讃える慰霊碑などを訪問しました。しかし，もう少しくわしく知りたいとのことで，自由行動日に犠牲者を葬った火葬場の跡に足をはこび，村の教育長からも話を聞きました。それらをふまえた報告では，見学事項やヒアリング内容を紹介したあとで，「「負の歴史」を語りつづける村の姿勢にむしろ感動した」とまとめてくれました。この地域研修では，満蒙開拓や強制連行など，異民族に多大な犠牲を強いた過去の歴史にどうしてもふれることになります。そうした内容をあつかって，せっかく日本に来ている留学生の

対日感情が悪化するのではないか，という心配もあるかもしれません。ただし，これまでの経験では，そうした「負の事実」にふたをせず，将来に正しく伝えていこうというとりくみにむしろ感銘を受けるようです。国家や民族を背負った国民としてだけではなく，一個人として，いわばふつうの生活者として考える眼がそなわっています。これに関しては，高柳（2018）でよりくわしく論じていますので，ご関心がありましたら参照してください。

　同じく数年まえ，リニア中央新幹線をテーマに取りあげた韓国人留学生がいました。ご存知のとおり，現在の過密化した東海道新幹線を補完するものとして，リニアモーターカーによるリニア中央新幹線が計画され，当初の予定では，品川から飯田を経由して名古屋までのルートが2027年に開通することになっていました（静岡県の反対により遅延）。飯田市の行政はもちろん推進派で，市民の多くもこれを契機に市の活性化が進み，観光客が増えることを期待していますが，建設にともなう環境問題への懸念などから反対運動を展開する人びともいます。この学生は「両方の意見が知りたい」とのことで，市の担当課から話を聞いただけでなく，反対派の人に来ていただいてその意見も聴取しました。そして，成果報告でもその両方の意見をともに紹介する形で，バランスよくまとめてくれました。

　最近の2019年度（その後の2年間はコロナのためあいにく中止）の例も引きましょう。ある韓国人留学生は授業で映像を上映した泰阜村の山村留学施設「だいだらぼっち」に興味をもち，自由行動日に1人で行きたいという希望を伝えてきました。山村留学にはいくつかのパターンがありますが，たとえば都会の学校に通う子どもが一年ないし数年間，山間部の施設などで共同生活し，そこから地元の学校に通うものです。自然豊かな環境のもとで暮らすことができ，また親元を離れ自立するため，たくましく育つ利点があります。この「だいだらぼっち」の場合，飯田から所在地の泰阜村までは一定の距離があり，とくに公共交通手段で行く場合，飯田線の田本駅という，車はおろか自転車でも行けないいわゆる「秘境駅」から，まったく人家のない山道をさらに数十分登らなければたどりつけません。そこで，教員が同行して現地に行き，「だいだらぼっち」の施設や子どもたちの様子を見学したり，用意した質問をスタッフに投げかけたりしました。彼がこのテーマに関心をもったのは，受験競争がきびしく，よい学校を出るか出ないかでその人の将来が決まってしまうような韓国の教育のあり方に疑問をもち，「学ぶ」ことの意味を再考したいという考えが背景にありました。

　ほかにも2019年度は，「菱田春草の朦朧体と韓国の近代東洋画との関連性」という，かなりピンポイントの報告もありました。飯田出身の明治期の画家で，若くして亡くなった菱田春草が，西洋画の技法も取りいれて従来の日本画を革新しようと苦闘する過程で生みだした，輪郭線を描かないいわゆる朦朧画を，韓国近代の画家たちの模索ともからめて肯定的に評価する内容で，事実にもとづいた冷静な分析は話題をよびました。研修2日目の飯田市美術博物館参観で，菱田春草の展示を一人じっくり鑑賞していた彼のすがたが印象的でした。

6　まとめ：留学生とともに日本と出身国を再考する

　筆者は文化人類学や地理学のように，ある特定の地域をフィールドとし，そこを深く研究してきた者ではありません。しかし，留学生研修の担当者となり，長野県南部の飯田・下伊那地域を知る作業を留学生とともに進める過程で，いま自分が暮らす東京と，もともとの郷里である栃木県にくわえて，南信州という第三の視点をえて，日本を多面的・立体的に見るおもしろさにひかれています。

　とくに，「負の歴史」と正面からむき合う行政や市民の姿勢を心強く思い，古い伝統文化がま

た新たな文化創造の源泉になっているすがたにも興味を覚えます。もともとの地元民だけでなく，外からやってきた若者たちが，地域の過疎化を憂い，地元の大切な文化を残していこうと日々励んでいるすがたには，「日本もまだ捨てたものではない」と勇気づけられます。

　その感想は，留学生にもある程度，共通して見られます。毎年，研修終了後にアンケートを実施していますが，「国内研修は長野県南部と聞いて，最初はどうして奈良・京都や沖縄じゃないのかと残念だったが，行ってよかった。自分ではけっして行かない場所を体験できて，日本を見る目が変わった」というような感想が多く見られます。海のない長野県に，外国や他民族とかかわるテーマが多数あることに対するおどろきもよく語られます。

　留学生の場合，こうした日本認識の変化のほか，自国認識へ影響をあたえることも大きな要素です。ここで学んだことを逆に自国にあてはめてみることで，自国認識がより多面的・複合的になるという側面です。たとえば，「負の歴史」とどうむき合うかは，けっして日本だけではなく，いずれの国家でも直面している課題です。かつて，平岡ダムにおける過去とのむきあい方を知った中国系学生が，「中国も天安門事件に対して同様の態度をとってほしい」と書いたのは象徴的です。

　2年次の留学生にとって，この研修が3年次からのゼミでの学習や将来の就職，さらには自分の生き方に影響をおよぼすこともあります。たとえば東京から過疎の村（小学校の全校児童がわずか5人前後！）にやって来て，その地域の維持発展に献身的に働く地域おこし協力隊員を見て，その生き方に惹かれ，その後入ったゼミで地域おこし協力隊を研究テーマに選んだ留学生もいました。

　この地域研修は外国人留学生が主な対象ですが，こうしてみると，実は日本出身の学生（国内学生）にとっても大事な「学び」の要素をふくんでいることに気づかされます。国際交流はけっして都会の専有物ではなく，地方にも過去から現在にわたって外国や異民族との固有の出会いがあり，プラス・マイナスの経験が蓄積されています。また，ある地域がもともとの住民だけでなく，外国人やほかの地域からの若者もふくむ多くの人びとの苦労や努力でいまにいたっていることを，あらためて認識させられます。

　もちろん，日本のなかでこの飯田・下伊那地域だけが特殊な場所というわけではなく，研修にふさわしい場所はほかにも各地にあり，学部内で研修地の複数化や差別化の議論もはじまっています。いずれにしても，文化を国単位で固定化して考えるのではなく，一国のなかにも地域や世代や性別などによって多様な文化が併存しています。それら異文化をそれぞれ貴重なものととらえ，その関係性を考えていくと，自分の認識が多面的になり，豊かな広がりをもつことになるのではないでしょうか。

　以上，本学部における10年あまりのささやかな実践をご紹介しました。この経験が，別の場所で学ぶ読者のみなさんにとっても，日本を見つめなおし，自己と自国を再認識するヒントをあたえるとすれば幸いです。

【参考文献】

高柳俊男（2013）．「留学生を主対象とする国内研修実現への歩み──法政大学国際文化学部の教育実践の記録として」熊田泰章［編］『国際文化研究への道──共生と連帯を求めて』彩流社

高柳俊男（2016）．「飯田・下伊那研修を意義あるものとするために──国際系学部の事前学習授業の実際から」『学輪』*2*: 25–42.〈https://gakurin-iida.jpn.org/download/2223/（最終確認日：2024年5月14日）〉

高柳俊男（2018）．「満州移民や中国人強制連行について留学生にどう教えるか？──法政大学国際文化学部のSJ国内研修について」『星火方正』*27*: 9–18.

⑥地域貢献をめざしたフィールドワーク

石川県でのとりくみ

佐藤慎司（プリンストン大学）

本章で取りあげるのは石川県で行われた，外国人留学生による夏期講座の教室近隣のコミュニティーの「調査」です。この活動の特色はまず，外国人留学生の日本語プログラムの授業の一環として行われていること，そして，日本語をのばすためにその場を提供してくださっているフィールドに感謝の気持ちをこめてなんらかの貢献をすることを目的の一つとしてあげていることです。

日本語学習の一環として，フィールドワーク活動をする場合，ただ単に日本語のスキルがのばせる場であればどこでもフィールド（調査現場）になるというわけではありません。学生には言語習得以外の目的も達成できるよう，自分の将来や趣味，興味と関連するようなフィールドを選ぶことを奨励しています。また，選んだフィールド（コミュニティー）でメンバーとして活動していくためには，学生はそのフィールドに関する理解を深める，つまり，ある意味でフィールドを「調査」することが不可欠です。

もう一つ，この活動には通常のフィールドワークで忘れてはならない大切なポイントがふくまれています。それは，フィールド（コミュニティー）の方々への接し方です。つまり，データを提供してくださっている方々，日本語を「学ばせて」もらっている方々とかかわり，かれらへの感謝と地域貢献の気持ちを忘れないことです。

夏期講座の教室の周囲には実に多くのコミュニティーが存在します。しかし，通常教室のなかで活動をしていると，教員も学生も周囲のコミュニティーの方々もおたがいのことをあまり知らず，そのリソースを十分に活用しきれていない場合が多いのではないかと思います。

今回報告するコミュニティー参加活動は，日本語能力の向上，自分の将来の目標（研究，職業，趣味など）を達成するとともに，コミュニティーのなかで自分にできる社会貢献を実現していこうと行われている点が特徴です。この活動では単に日本語能力を向上させる場としてコミュニティーをとらえるのではなく，持続可能な関係を続けていくために，学生はコミュニティーに何ができるのか（貢献）ということを考えながら活動を行っていきます。さらにふりかえりでは，このようなコミュニティー参加活動が可能になっている理由を，ミクロレベルだけでなく，マクロレベルでも批判的に考えていきます。

1　フィールドワークの計画

テーマを選ぼう

この活動は中上級の日本語の授業の一環の活動になるため，学生には以下の3点を考えてテーマとフィールドを選ぶことを推奨しています。

①どんな日本語のスキルをのばしたいか
②それは自分の趣味，興味，将来の仕事と関係があるか
③そのフィールド（コミュニティー）で自分にどのような貢献ができるか

　通常のフィールド選びでは，自分が興味のあるテーマに関するデータが集められるか，その
フィールドに入るためのコネクションがあるかといったようなことが重視されることが多いよ
うです。しかし，この活動では，それと同時に日本語のスキルをのばすことができるかどうか
ということもフィールド選びの大切なポイントとなります。

【フィールドワークの計画（石川県での活動選びの例）】

1.	調査テーマ	石川県にできる貢献を考える
2.	いつ	夏期集中講座中（6-7月）
3.	どこで	石川県の夏期集中講座の会場やホームステイ先の近隣
4.	だれに／だれと	石川県在住の方
5.	何を	自分の興味，研究内容などによる
6.	どうやって	参与観察，インタビューなど場合に応じて
7.	準備	事前にフィールドワークをする場所の情報を集め，参加日時を調整

2　背景情報を調べ，連絡をとろう

地域の資料収集のポイント

　この活動では国際交流協会のスタッフ，ホストファミリー，日本語の教員など地域の方にイ
ンタビューします。最初からフィールドをしぼりすぎないよう初期の段階で以下のような表を
埋め，ホストファミリー，地域の方，友人などに相談するとよいでしょう。

【地域コミュニティーでのプロジェクトの活動例】

活動例	①地域コミュニティーの人たちから学べること	②地域コミュニティーの人たちにしてあげられると思うこと	③地域コミュニティーの人たちといっしょにできること
1）ホストファミリーと料理をする	料理のことばや表現，和食の作り方を習える	自分の得意な料理を教えられる	いっしょにレストランに行き，食習慣などについて話す
2）現地の大学の学生とカラオケをする	音楽のことばや表現，日本の歌，カラオケ文化について習える	アメリカで人気がある歌について教えられる	大学生の生活（勉強，趣味，クラブ活動など）について話す
3）地域のクラブのメンバーになる（例：テニスクラブ）	スポーツのことばや表現，日本でのテニスの様子などを習える	スポーツを教えられるアメリカでのテニスの様子を教えられる	いっしょにスポーツをする
4）現地の大学のゼミに参加する	専門用語，日本の大学のシステムを習える	専門について自分の知っていることを教えられる	専門について意見交換をする
5）地域の人びとに日本語を使って英語を教える	日本語の文法のことばなどが学べる	英語を教えられる	おたがいの言語のことを学びあえる
6）地域のボランティアをする（例：散策路の整備）	ボランティアのことばや表現，日本でのボランティアの様子などが学べる	アメリカでのボランティアの様子について教えられる	ほかに同じようなボランティアに参加できる

その後，教員との面談で目標にあった活動が実現可能かどうかという観点からフィールド（コミュニティー）をしぼりこんでいきます。ここ数年，筆者が担当した石川県での夏の集中講座で学生が選んだテーマは，地域交流型，個人小グループ型，学内コミュニティー参加型に分けられます。以下，実際に学生が選んだ活動例です。

> **石川県の日本語夏期集中講座で学生が選んだフィールド例**
> **【個人・小グループ型】**
> ・ランゲージエクスチェンジ（言語の交換学習）
> ・ホストファミリーと料理
> ・大学生と交流
> ・ホストファミリーのお子さんの英語と数学の家庭教師
> ・地域の音楽家と交流
> ・中学校訪問
> ・米国留学を考えている高校生へのアドバイス
> **【地域交流型】**
> ・アフタースクールでのボランティア
> ・地域の教会のイベントに参加
> ・<u>里まちプロジェクト協力</u>
> ・伝統音楽クラブ・サークル加入（伝統音楽，太鼓，剣道，弓道，ハイキング）
> ・<u>石川県の再生可能エネルギーについての調査・意見交換・報告書の英訳</u>
> ・美術館での翻訳・通訳ボランティア
> ・レストランのメニューの翻訳
> ・<u>地域英会話教室の手伝い</u>
> ・<u>ギャラリーで翻訳通訳などのボランティア</u>

このうち，下線を引いた四つの活動例を以下の章で取りあげます。

3　フィールドへの入り方と交渉

フィールドワークでは，最初にあたえる印象がその後の活動に大きく影響するため，フィールド（地域コミュニティーや特定のグループ）への入り方がとても重要です。そして，コミュニティーのなかにおける自分の立ち位置を考えておくことも必要です。たとえば，自分はコミュニティーにどう見られたいのか，コミュニティーのなかでの役割は何なのかなどについて考えておく必要があります。コミュニティーとのやりとりにおいてはなにもかもがスムーズに進むわけでなく，必要な情報の補足を相手にもとめたり，交渉したりすることも必要になります。コミュニティーとの関係をいつも良好に保っておくためには，このような日常のやりとりはとても大切です。このときに大切なことは，自分がどんな人になりたいのかを考え，相手と接していくということです。

たとえば，日本のさまざまな地域の観光振興の関係者が，「まちおこし」の一環として外国人留学生を現地に招待し，観光資源についてのフィードバックをもらうといった活動を行っています。こうした機会は留学生にとっても，地域を理解し，地域の人びとと交流したり，フィールドワークをしたりするうえで貴重な経験となります。実際に地域を訪問する際に，わざわ

ざ時間をとって受けいれてくださる地域の方々の期待を理解し，かれらの期待と自分たちの興味・関心の間にギャップがないことを確認し，誤解がないように調整することがとても大切になります。それは学生が現地の人びとと対話をする第一歩になるからです。

　「里まちプロジェクト協力」の例では，石川県の地域の団体が運営するツアーに興味をもった留学生が先方の団体の担当者と打ちあわせを行いましたが，ツアーの人数，参加費用，使用言語など，おたがいの期待に違いがあり，調整をする必要がありました。留学生たちは相手に失礼にならない形で交渉したいと思ったため，教員に相談しながらどう書けば相手に失礼にならないかを考えメールを作成し，そのメールを担当者に送りました。その結果，相手の団体から，参加人数，参加費用は調整するとの返答をいただきました。今回学生が交渉した相手の方は，長年ホストファミリーも務めてくださっていて，率直なリクエストをしやすい環境にありました。はじめてフィールドワークをする日本語学習者で，日本語のレベルが初中級の場合，ある程度相手との信頼関係のある環境で，交渉することを学ぶことも大切ではないかと思います。

インタビューの質問を作る

　わたしたちの活動ではインタビューは絶対に必要というわけではないのですが，実際にインタビューを行う学生もいます。その場合には事前のインタビューの準備として，まずはウェブサイトで必要なことばや表現を確認し，かんたんなロールプレーを行うこともあります。ある夏，石川県の再生可能エネルギーの状況について県庁に調査に行った学生がいました。その際，学生はトピックに関してはすでに知識があったため，質問内容や質問の仕方よりも，関連のウェブサイト（関西電力のサイト）を見ながらことばの確認とコミュニケーションストラテジーに焦点をあてて練習しました。たとえば，太陽光発電，風力発電などの用語を確認し，できるだけ口頭だけでなくウェブサイトや書いた資料も併用すること，それでもわからない場合は書いてもらって確認するなどです。

4　フィールドワークの報告

　わたしたちの活動では実際に学生がコミュニティーに参加し活動するなかで，プロジェクトのために何を実行したか，活動をして何を学んだか（日本語，日本語以外），コミュニティーにどのような貢献ができたか，アドバイスをもらいたいことは何かなどを，写真などとともに記録しておくことを推奨しています。とくに夏期講習中は，自己の成長を後からふりかえるための記録としてジャーナルの提出が義務づけられているので，そのジャーナルに適宜活動を記録しておくように推奨しています。また，学期途中クラス内での中間報告も義務づけています。以下実際の中間報告の例をあげます。

例1　英語のアシスタント

　学生たちは，近隣の国際交流センターに勤務するホストファミリーのご協力もあり，日本の中学生2人，高校生5人に英語を教えるという機会をえました。キャンプ用の施設で，半日キャンプしながら，会話パートナーとして英語を教えたということです。ほかにJETで来日している英語アシスタント2人（ブラジル人とシンガポール人）の先生として活動をした学生もいました。

　学生たちが学んだこととして，スライドでは「わかんない」という表現があげられていますが，これは日本語教科書ではあまり出てくることのない「わかんない」という口語的表現を中

高生に英語を教えることをつうじて学んだという意味です。最後のスライドには「最初に学生はあまり話をしなかった」と書かれています。これと関連して，中間報告の最後では，あまり話をしないはずかしがり屋の高校生の心をどうしたら開かせることができるかというテーマでさまざまなディスカッションが行われ，ほかの学生からさまざまなアイスブレーキングゲームが紹介されました。

例2　通訳翻訳プロジェクト

　次のスライドはアートギャラリーでの美術交流についての報告です。このギャラリーの通訳・翻訳のプロジェクト報告には，実際に学生が通訳・翻訳ボランティアを行ったギャラリーの方も参加してくださいました。ギャラリーの方からは何を目的にこの活動を行っているかがよりよくわかった，というコメントをいただきました。また，2ヶ月の集中講座後に学生が帰国してしまったあとに，どうギャラリーをサポートしつづけていくことが可能かについても話しあいが行われました。結果的にこの学生は，フィールドを離れてからも，メールでのやりとりなどをつうじて翻訳活動を続けているようです。

例3　フィールドワークとスピーチのくみあわせ

　最後にフィールドワークとスピーチをくみあわせた例を紹介します。結果のまとめ方にはいろいろな方法があるかと思いますが，フィールドワークから何を学び，何に貢献したかを明確にするための一つの方法として，フィールドワークのテーマや調査結果をふまえて，そこから考えたことを留学生が聴衆（現地の人びとをふくむ）に訴えるスピーチ（弁論大会）を行う，という実践を紹介します。スピーチの場合は，フィールドワークをとおして何を学んだのか，何を聴衆に伝えたいか，自分のメッセージを明確にすることが大切です。また，スピーチコンテ

ストでは，フィールドでお世話になった方がたに，学生たちが何を考え，何を感じたのかを知っていただくためにも，可能であれば会場に来ていただくことにしています。

　この学生は再生可能エネルギーのフィールドワークとして，地方公共団体のエネルギー対策室におもむき，担当者から直接情報をいただくとともに，大学生とボランティア活動をするなかで近隣の大学生や地元の方と再生エネルギーに関する情報や意見の交換を行いました。そのなかで，学生の出身国や大学での再生可能エネルギーに関するとりくみの情報提供も行いました。そこから発展させたスピーチでは，再生可能エネルギーに関して以下のように聴衆に訴えかけています。

> （スピーチの最後の部分）それでもわたしは，石川県で再生可能エネルギーを発達させるべきだと思います。まず，今，日本人は毎日の生活で環境問題の悪影響を感じていなくても，いつか，その日がくるかもしれません。すでに地球温暖化のせいで，台風の力は強くなってきました。このままでは，二十一世紀の終わりごろには，東京や大阪は，海にしずんでしまいます。このような問題がおこる前に，問題を解決したほうがよいと思います。
> そして，再生可能エネルギーを発達させることで，経済の状態がわるくなるとはかぎりません。たとえば，ドイツの天候も，日本のように，太陽光発電に適当ではありません。けれども，日本と違って，全エネルギーの 44 パーセントぐらいを，再生可能エネルギーからもらっているそうです。これは日本では，14 パーセントしかありません。ドイツは再生可能エネルギーを発達させながら，経済も発展させています。日本，そして石川県も，そうすることができると思います。
> つまり，経済の発展と再生可能エネルギーの発達は，相いれないことではありません。今は大丈夫かもしれませんが，わたしは石川のみなさんに，将来のことも考えてほしいんです。

5　ふりかえり

　ふりかえりは最後に行うだけでなく，フィールドでの問題発見・解決にむけて，活動の途中で何度も行われるべきだと筆者は考えています。そのため，この活動では，1，2 週間ごとに個人・グループセッションを行い，また，中間時点で活動報告，学期末に最終発表，もしくはスピーチ，期末試験の記述問題でもふりかえりなどを行っています。

　その際にこのプロジェクトの大きな目的の一つであるコミュニティーへの貢献についてふりかえることは大切です。本章で例としてあげた里まちプロジェクト協力，ギャラリーでの翻訳・通訳などのボランティア，石川県の再生可能エネルギーについての調査・意見交換・報告書の英訳などは何を貢献したのかということがわかりやすい例です。

　しかし，活動によっては，相手の役にたっている，貢献している，エンパワーメントにつながるということを明らかにすることはそんなにかんたんではないはずです。役にたっている，貢献しているという気持ちが自分の思いこみでないかどうか考えてみる必要があります。つねにフィールドでの自分の立ち位置を謙虚に批判的に見定めていくことは，相手に必要以上の迷惑をかけないためにも大切なことです。本章で紹介したコミュニティー参加活動は，石川県国際交流協会のみなさま，石川県日本語講師会の先生方，また，石川県のホストファミリーの方々のご協力がなければ実現することができなかったものです。この場を借りて再度御礼申し上げます。

⑦ホームレス炊きだしボランティアとフィールドワーク

デビッド・スレイター（上智大学）＋池辺早良（東京大学）

　本章では筆者が大学で教えている，社会貢献のボランティアとフィールドワークをくみあわせたプロジェクトについて紹介します。このプロジェクトでは，1学期目に学生が教会の炊きだしボランティアを行います（入門クラス）。そして，次の学期のより高度なリサーチクラスでホームレスの語りを聞きとり，分析するとともに，録画のデジタルアーカイブを作成します。このプロジェクトの目標は，①学生がボランティアとフィールドワークをつうじて，深刻な社会問題（ホームレス）を理解する，②質的な研究手法を理解し，研究を行うためのスキルを身につける，③支援を必要としている人びと（ホームレス）のサポートを行う，という3点です。

1　フィールドに入る

　このプロジェクトを開始する前に，わたしは学生とともに教会の炊きだしの主催者に連絡をとり，学生とともに小グループでのボランティア活動をはじめ，炊きだしの主催者，そしてホームレスの人びと（食べ物を必要としている日本人の高齢者たち）と知り合うことからはじめました。そして，学生たちが炊きだしに参加することで，主催者やホームレスの人びとの役に立てるかどうかを確認したうえで，このプロジェクトを本格的に開始しました（この方法は，筆者と学生たちが2011年の東北被災地のプロジェクト，東京の難民支援でもちいている方法と同じです）。

2　ボランティア活動に慣れる

炊きだしボランティアに参加する
学生たちの様子

　まずわたしの日本社会入門クラスに入った学生（約100人）は，教会の炊き出しで2回のボランティア活動を行いました。クラスからは毎週4〜5人の学生がボランティアとして参加しました。この社会貢献活動をつうじて，学生たちはボランティア活動のダイナミクスを理解し，ほかのボランティア支援者，ホームレスの人びとと関係を構築することの複雑さを学びました。しかし，この段階ではまだ正式なフィールドワークは行わず，学生たちは自分の経験，学んだこと，感じたこと，ホームレスについてのイメージ（ステレオタイプ）について考えていきます。そしてこのクラスを入り口として，さらに継続してボランティア活動を行いたい，フィールドワークに参加したい，という興味を示した学生がわたしのより高度なクラスへと移動します。

3　フィールドワーク

　次の学期には，継続を希望する学生たちがホームレス支援と研究のためのより高度なリサーチクラスに入ります（12-20人）。そして，少人数のグループでホームレスと国内外の支援について文献を読み，インタビュー調査の理解を深めます。学期中，学生は午前中の炊きだしセッションでボランティアを行い，午後には調査に協力してくれる男性たちとのインタビューを行います（交通費，昼食を提供）。

　インタビューは大学，または隣接する教会で行われ，インタビューの「語り手」（またはインタビュー協力者）1人につき，3〜5人の学生が聞きとりをします。ほとんどの場合，インタビューは一度ですが，相手が興味をもち，十分な数の学生がいる場合は，何度かインタビューを行います。

　各インタビューの時間は約1時間で，学生は事前に綿密に質問を準備しますが，自分たちの質問だけでなく，語り手が伝えたいストーリーを大切にして，記録するように指導しています（厳密な研究の視点からいえば，トピックが違う場合，似たトピック間の比較が制限されますが，学生のインタビューの一番の目標は，語り手のストーリーをかれら自身のことば（生の声）で記録することです）。多くの学生がこのコースを2，3学期続けて受けるため，何度も履修している経験のある学生が，新しく入ってきた学生たちのサポートにあたります。筆者も教員として学生たちがインタビューに慣れるまでつきそい，インタビューで誤解があった場合にも自分たちで解決できるようになるまでみとどけます。

4　インタビューテーマの焦点化

　インタビューの焦点となるテーマは，学生のインタビューに応じて各学期ごとに変わります。最初はホームレスたちの労働者としての変化に焦点をあて，経済バブルを支えた非正規の労働者としての経歴を聞きとりました。そして社会保障を受けられないまま，バブルが崩壊し，解雇され，ホームレス，日雇い労働者になっていった過程を記録しました。次に焦点をあてたのがかれらの「路上の生存戦略」であり，どのように生活保護，警察，民間支援機関（教会をふくむ）を回り，東京の「ふつうの」人びととのトラブルを回避するかを記録しました。

5　信頼の確立

　最初は，学生と「語り手」の両方が緊張します。どちらも相手のことについてあまり知りません。多くの学生は，駅で髪がボサボサのホームレスの男性を見るだけで恐れを感じ，ホームレスの男性も一般人を避け，信用しません。学生の保護者が，ホームレスとの接触をみとめない場合もあり，毎年クラスをとれない学生が一人か二人います。それでも，このころまでには学生たちは1学期間のボランティアを経験しているため，おたがいにいくらか慣れてきており，インタビューの最初の20分間は緊張することもありますが，やがて録音をあまり気にせず，会話に集中できるようになります。

　自分の話を人に聞いてもらいたいという気持ちはどの文化でも普遍的なものですが，熱心に自分の話を聞いてくれる人びとはなかなかいません。学生たちのグループはそうした熱心な聞き手としてはベストです（もちろん，うまくいかないインタビューは最初から最後までぎこちないままですが）。

6　プライバシーの保護

　人を対象とする研究において「被験者」をあつかう際には，研究の性質と手順，そしてデータの使用の権利と制限を説明するだけでなく，明確に書かれた書面による同意が必要です。わたしたちの場合は，語り手（ホームレスの人びと）がデータの所有者であり，記録されたインタビューのすべての権利を保持することを明示します。それはかれらのストーリーであり，学生たちはただの記録者にすぎません。したがって，語り手からインタビュー中，またはインタビュー後のどこかの時点で，インタビューの一部，または全部を削除するように依頼された場合，削除します。学生たちは，語り手の名前や個人情報を自分の友人や教会の支援者をふくめ，だれにも明かしません（「個人情報」には，新宿駅での通常の睡眠場所もふくまれる場合があります）。

　この種の書面による同意は，語り手を遠ざける可能性があるため，使用するにはフォーマルすぎると言う人もいます。しかし，わたしたちの経験では，まったく逆です。権利を保持する正式な契約を結んでおくと，語り手にわたしたちがプライバシーを保護することに対して真剣であることを示すことができるので，語り手は安心感がえられます。

7　インタビューの録画とその注意点

　インタビューされたものはすべて録画されたビデオであるため，緊張する人もいます。日本でのインタビューの多くはデジタルでは記録されず，インタビュアーが紙に手書きで記録します。その場合，相手の印象や気持ちを書きとめることは重要で，教員はそれを各学期の新入生のトレーニングに組みこみます。しかし，録音しているのでなければ，実際の研究は行っていないことと同じではないかと思います。人びとのストーリーを忠実にそして正確に記録するには，インタビューをデジタルで記録する必要があります（記録されたくない場合はメモを書きますが，わたしの経験上，インタビューの性質とプライバシーとアイデンティティーを保護する方法をくわしく説明することにより，ほとんどの調査協力者が同意します）。ほとんどの学生は複数の学期にわたり，コースを再受講するため，わたしたちは時間をかけてインタビューのデジタルアーカイブを作成し，学期ごとに学生たちと共有しました。これらの記録により，プロジェクトにはじめて参加する学生を訓練することができます。

学生によるインタビューと録画の様子

8　アカデミックなリサーチにするための分析手法

　　クラスでは，各グループの学生がまえの週のインタビューの録画を見せ，ポイントを説明します。学生たちは，さまざまなインタビューの意味を，語り手の経歴，現在の状況，語り口を関連づけ，比較し，理解に努めます。すべてのインタビューは日本語で文字化されます。次に，学生は各インタビューをコーディングして，語り手たちが同じトピックについてどのように語っているのかを検討します。この作業の目標は，単一の「ホームレス経験」を見つけることではなく，多くの人びとがいかに経験を自分のことばで語るのかを理解することです。このコーディングは，各インタビューの内容をクラス内でよりかんたんに共有するために重要です（たとえばこれによりインタビューのなかで語られる「お金」，「職場での対立」，「病気」のすべての事例を収集できます）。

9　最終レポートを書く

　　学期の終わりには各学生が，インタビューをふまえて，ホームレスの問題，あるいはホームレス支援に関して最終レポートを書かなければなりません。わたしたちのコースは英語なので，レポートは英語で書きます。同時に，ホームレスのインタビューは日本語で行われるため，実際にホームレスの男性たちの話を理解するためには非常に高い日本語力を必要とします。このためすべての学生がこのクラスを受講できるわけではありません。しかし，幸いなことにバイリンガルの学生（国内学生，国際学生）がクラスには多くいます。

　　過去の論文のトピックには，「正規および非正規の労働者の社会的関係の破綻」，「ホームレスであることの社会的スティグマ」，「新宿駅に住むホームレスの男性間の協力」などがあげられます。インタビューはすべての学生の間で共有されます。最終レポートでは，すべての学生が自分で行ったインタビューだけでなく，クラスのすべてのインタビューにアクセスできます。これにより，個人で集めるよりもはるかに大規模で豊富なデータベースが作成されるため，記録の利用価値が高まります。文字化されただけでは，各インタビューの複雑さを完全に理解することはできません。学生は自分の論文を書くときに，自分自身だけでなくほかのインタビューを参照する必要があります。

10　ホームレスの語りのデジタルアーカイブ化

　　現在，わたしたちのホームレス動画のアーカイブは 150 時間以上あり，すべてが編集されていない完全なものであり，（ほぼすべて）ホームレスの人びとが言ったことが正確に文字化されています（削除部分をのぞく）。これは筆者の知るかぎり，すべて学部生によって行われた，日本におけるホームレスの大規模なアーカイブとして貴重なものです。授業でレポートを書く学生だけでなく，卒業後，学術雑誌の査読つきの論文として公開するためにこのデータを使用する学生もいます（プライバシー契約が許すかぎり）。卒業生は毎年，わたしたちの大学のオープンキャンパスで高校生にこの活動を紹介しています。現在，学生たちは収集した多くの録画データをふくむホームレス問題に関するウェブサイトの作成に取りくんでいます。

11　教員のプロジェクトにおけるイニシアティブと責任

　この種のプロジェクトを行うには，大学の教員がまずプロジェクトのイニシアティブをとり，自分ではじめる知識や勇気をもたない学生たちをサポートする必要があります。これは単に講義によって適切な調査現場を示すよりも時間がかかります。学生の努力を持続可能なものにするために，教員はこれらを単なるボランティア活動ではなく，単位認定コースにする必要があり，学術的理解と原則にもとづいた方法論的実践を行うためにシラバスを設計する必要があります。わたしはこの種のフィールドワークが，理論を意味のある方法で理解する最良の方法でもあると考えます。たとえば，学生はホームレスの生活を見ることで，資本主義と労働搾取に関する理論を理解することがより容易になります。大変な作業ですが，これまでかかわったなかでもっとも価値のあるコースであり，わたしの学生の多くも同じように感じています。

　わたしのクラスで学び，今は卒業してホームレスに関する論文を執筆中の学生のことばをダウンロード資料の⑭に掲載しています。ぜひご覧ください。

＊参加学生のレポート例は資料⑭参照。

⑧バーチャルフィールドワークスクール（1）

放送番組作りから生まれたバーチャルフィールドワーク

ジュリア・ヨング（法政大学）

1 バーチャルフィールドワークとは

「百聞は一見に如かず」がわたしの教育方針の指針です。経済学部教授であるわたしの授業（演習）のテーマは「日本のビジネスと社会」で，その方針を積極的に取り入れています。毎年1回程度，受講生全員を企業などに連れていき，フィールドワークを実施しています。学生はフィールドワークでえられた成果に合わせて，統計データや先行研究などを調べます。そして，研究成果をまとめ，毎年開催される「経済学部プレゼンテーション大会」で報告をすることになっています。しかし，2020年度の新型コロナウイルス感染拡大によって，フィールドワークができず，授業活動そのものが阻まれてしまいました。そんな環境のなかから，バーチャルフィールドワークを構想しました。わたしにとってのバーチャルフィールドワークは，次のような意味をもっています。

> 従来行ってきたフィールドワークの「フィールド」（現場）を残しながら，Zoomなどのビデオコミュニケーションサービスを利用して，国内外においてリアルタイムで遠隔で見学を行い，従来のフィールドワークと同様に情報収集だけでなく異なった観点から「フィールド」を体験する新たな学び方

本章を通してバーチャルフィールドワークの（1）活動の背景，（2）とりくみ，（3）三つの事例，（4）成果と今後の展望について簡単に述べていきます。

2 活動の背景

コロナ感染拡大に伴って，2020年4月にわたしの大学ではオンライン授業の実施が決定されました。このため，わたしは大学のある東京を離れ，感染リスクが低い沖縄県石垣島に移りました。そして，日本列島の最南端にある石垣島の北部地域，「久宇良」（人口19人）という小さな村にある別宅において春学期を過ごしました。以下のとりくみは，わたしが石垣島に住んでいるという強みを生かし，国内外に在住している学生・留学生と石垣島に在住している関係者をつなぐ仲介者となることで実現したものです。

石垣島久宇良の海岸

石垣島の最大の産業は観光業です。石垣島には多くの観光客が訪れ，その数も年々増加傾向にあります。また，久宇良の海岸は「サンセットビーチ」と名づけられ，石垣島の観光名所の一つとして人気が高まっています。一方，観光客の増加などによって，環境汚染，とくにプラス

チックゴミによる海水汚染が石垣島の住民にとって難題となっています。その問題に注目して，2020 年度の授業の研究テーマの一つとして，「石垣島のエコツーリズム」を設定しました。授業では，このテーマに興味のある学生が研究班を立ち上げ，石垣島のエコツーリズムやプラスチックゴミによる環境問題を調べることになりました。

3　「バーチャルフィールドワーク」のとりくみ

　わたしは，大学院生時代，10 年ほど NHK の放送番組（ラジオ日本）のリポーターとして勤めていました。国際短波放送番組を通して，世界中にいる聴取者に日本の出来事や文化などについてリポート原稿をおこしたり，現場からの生中継をしたりする仕事で，東京のスタジオから英語で放送しました。放送制作のため，取材に出かけて，数多くのインタビューを行い，さまざまな放送番組制作に関わってきました。リポーターの仕事の場合，取材に出かける前，必ずリサーチ（事前の準備）をします。そして，取材先やインタビュー相手のことを調べ，できるだけ情報収集をします。番組収録前には，インタビューの質問を用意し，放送全体の流れ（構成）や焦点を考えます。また，インタビューのテーマの時間配分なども検討しながら，放送を行ってきました。コロナ禍におけるオンライン授業のバーチャルフィールドワークでは，過去NHK で行った取材やインタビューと同様に「ラジオ日本方式」によってとりくみました。

　石垣島におけるインタビューをスムーズに実行するためには，放送と同様にリサーチが必要です。したがって，学生のために，インタビュー相手に関するパワーポイントの資料（PPT）を作成して，それを授業で紹介しました。学生には PPT を参考にしながら，さらにリサーチをして，聞いてみたい質問やコメントを宿題として考えてもらうことにしました。

エコツーリズムのインタビュー用の PPT の一例

　さらに，番組と同様に授業で行ったインタビューの「流れ」（構成）を考えました。質問項目を作成して事前に学生に送信し，同じ質問項目をインタビュー相手にも送り，何度も打ち合わせを行いました。

　人間の集中力の限度は約 20 分と言われています。ラジオ放送にしても，Zoom 授業にしても，時間が長ければ長いほど集中力は衰えてしまいます。ラジオ番組放送では，その対策として，インタビューのテーマごとの間に区切りをつけ，その区切りに音楽などを流します。それによって，聴取者は集中を和らげ，頭を休ませることができるのです。

　授業では，音楽を流す代わりに学生が自由に質問をしました。また，インタビュー相手が学生に関心をもっていたため，逆に学生に質問をすることもありました。それによっておたがいの緊張感が緩和し，リラックスして，楽しい雰囲気を作ることができました。番組と同様にわたしは司会者でしたが，学生の代表者（ゼミ長）にインタビューの「最初の挨拶」と「締めの言葉」を述べてもらいました。200 分の授業でしたが，活発なディスカッションができ，おたがいに関心をもちあって，あっという間に時間が過ぎました。

質問・流れ（案）
(1) 自己紹介
吉田さんの background

なぜ石垣に来たのか？

石垣（久宇良）の生活について（エピソード？），楽しいところ，難しいところ

(2) サバニとの出会い
サバニ作りのきっかけは何か？　難点があったのか？

サバニ作りの好きなところ

(3) エコツーリズムとサバニという組み合わせについて
エコツアーに参加するきっかけは何か？

どんな方がエコツアーに参加するのか？

エコ観光の特徴について。よい点は何か？

(4) サバニツアーによる国際交流（エコ面，文化面）
エピソード

(5) サバニ・エコツーリズムの過去と今後の課題について

(6) 石垣における環境変化

(7) 若者へのメッセージ

筆者が作成したインタビューの「流れ」（学生とゲストスピーカー用）

4　事例でみるバーチャルフィールドワーク

4-1　事例１：３回にわたり行ったエコツーリズムのバーチャルフィールドワーク

　第１回目はわたしのすぐ隣の家，吉田友厚さんの造船場で行いました。吉田さんは沖縄の伝統的な船であるサバニを作り，さらにエコツーリズムにとりくんでいます。授業当日は，吉田さんの高速インターネット回線につなぎ，フィールドワークを開始しました。Zoom を通して

インタビューを行い，石垣島のエコツーリズム（サバニツアー，ビーチクリーンなど）について話を伺いました。また，パソコンの内蔵カメラを使って，建設中のサバニや船道具などを学生に見せ，吉田さんの説明をいただきながら，造船場を見学することができました。

　第２回目のバーチャルフィールドワークも，吉田さんの造船場で行いました。インタビューの相手は，吉田さんと共に石垣島の環境活動にとりくんでいる大堀健司さん（アウトフィッターユニオンというエコツーリズム協会会長，

久宇良にある吉田サバニ造船場
（左から）船越さん，ヨング，吉田さん，大堀さん

荒尾さんとフォスターさん
（ヨングの自宅）

学校における環境教育活動）と船越裕康さん（エコツーリズムのマーケティング活動）でした。

第3回目のバーチャルフィールドワークでは，学生たちはグローバルな視点からとくにプラスチックによる環境問題に関する理解を深めました。石垣島滞在中の米国人，ケント・フォスターさん（ツアーガイド，110か国程を訪ねたトラベル・ブロガー）と荒尾日南子さん（国際環境NGO350 JAPANフィールドオーガナイザーで気候変動問題解決のための市民運動をリードする活動家）のインタビューをわたしの久宇良の自宅で実施しました。ゲストの二人は写真や動画をみせながら，海外と日本のエコツーリズムの違い，気候変動の危険性など，さまざまな角度から「エコ」を一緒に考えることができました。学生は日本語と英語を混ぜながら，積極的に質問やコメントをしていました。

第1回目のインタビュー相手は隣の家の方だったため，打ち合わせなどは比較的簡単にできました。しかし，上述したように，久宇良は人気の観光スポットであるため，吉田さんは普段ツアーなどで非常に忙しくされています。したがって，コロナ禍がなければ，授業の協力をえることはむずかしかったでしょう。フォスターさんと荒尾さんも同様で，緊急事態宣言がなければ，石垣で出会う機会はなく，さらにバーチャルフィールドワークのニーズすら生まれなかったでしょう。インタビューに応じてくれた多くの方々の協力によって，学生とともに貴重な体験ができ，たくさん学ぶことができたことに感謝しています。

4-2　事例2：フランス・久宇良・東京をつなぐバーチャルフィールドワークとコンパ

エコツーリズムにくわえて，他の研究班のテーマもコロナ禍問題に関連するものでした。もう一つは「コロナ禍によるエンターテインメント，とくに音楽業界への影響」でした。本研究班の学生は，海外の状況にも関心があったため，国際比較を行うことにしました。Zoomを利用して，東京で活動中の音楽ジャーナリスト（佐藤英輔さん）と音楽エンジニア（オノセイゲンさん），さらに南フランス住まいのフランス人ドキュメンタリー監督・製作者（ケイコ・クルディさん）にインタビューを行いました。

3名のゲストは自身の自宅から参加しました。音楽ジャーナリストの佐藤さんは，CDに囲

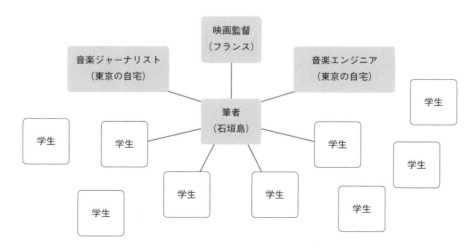

筆者がZoomのホストになり，ゲストと学生たちが集まるイメージ図

まれた部屋をバックにして話してくれました。オノセイゲンさんは，原宿のスタジオの屋根上バルコニーから，また，ケイコさんは南フランスの自宅のテラスから話を伺いました。第一線で活動している３名の「生の声」を聞きながら，コロナの感染拡大によって芸術家活動はどのような影響を受けているのか，行政の対応を知りその国際比較を行うことができました。Zoom というビデオコミュニケーションサービスを利用することによって，リアルタイムで日本とフランスでバーチャルフィールドワークを行うことが可能になりました。また，今回は，よりリラックスした環境を作るため，対談とともに「オンライン・コンパ」を開催することにしました。楽しく活発なディスカッションができ，参加者全員にとって，有益な機会になりました。

4-3　事例３：学生たちの実施したバーチャルフィールドワーク

　授業中だけでなく学生が自らバーチャルフィールドワークを行いました。その中で２例を取り上げます。一つは，学生が Zoom を利用して，スーパーマーケットの店長をインタビューし，コロナ禍でのスーパーの売り上げの変化や状況に対する販売戦略などについて聞き取り調査を行いました。もう一つの研究班は，コロナ禍における日本企業でのテレワーク事情を調査しました。授業では大手製薬企業とテレコム会社で勤務する社員２名に Zoom インタビューを行ったうえ，他の企業にも連絡をとって，調査やインタビューを実施しました。学生は，授業で数回オンラインインタビューに参加したことによって，インタビュー術を高め，自信がつき，自ら企業に連絡して情報を入手することができるようになりました。また，インタビューを増や

すことによって，業種，企業規模，職種などによる違いを把握しました。実例を通して日本のテレワーク状況を考えることができました。

　すべての研究班は，無事にゴールである「経済学部プレゼンテーション大会」の参加を達成できました。本来，各研究班が行うフィールドワークは１回ですが，本年度は，フィールドワークが「バーチャル」であったため，授業の12回中５回において実施することになり，いつもより多くなりました。

経済学部プレゼンテーション大会
（エコツーリズム班の５名）

5　課題と今後の展望

　バーチャルフィールドワークは緊急事態宣言という極端な状況下における「必要」から生まれました。外出が抑制される状況の中で，バーチャルフィールドワークは学生にとって世界を広げ，希望を与えたと思います。最初の授業では表情が暗かったものの，バーチャルフィールドワークを開始してから，勉強に対する意欲を取り戻すことができたようでした。学生の話によると，「これからの時代，オンラインを活用するフィールドワークは普及すると思う。ネットや本からの知識だけでなく，遠く離れたフィールドワーク先のインタビュー調査ができることはより深い関心と興味がうまれ，研究もよりよいものになると考える」ということです。

　バーチャルフィールドワークには，多くの利点が見られます。従来のフィールドワークに比べ，参加者の人数制限が少なく，移動時間や交通費の節約ができます。しかしながら，もっとも大きなメリットは，どこでも行えることでしょう。その特徴は，教育の機会均等の実現に結

びつくと考えます。たとえば，経済的な理由で海外に行けない，あるいは身体的な障害があるため，見学ができない学生でも，バーチャルフィールドワークによって，参加することが可能になります。一方，課題もあります。「バーチャル」であるため，現場の雰囲気を感じることはむずかしく，断片的です。学生の話によると，「相手の雰囲気や表情，そしてどのタイミングで誰が話してよいのかなどの空気を読むことがむずかしかった」ということでした。それにくわえて，海外の場合，時差の問題が生じ，インターネット環境がよくなければ，スムーズに行えなくなってしまいます。

　今後は，コロナ禍問題が解決されても，バーチャルフィールドワークと本来のフィールドワークを組み合わせて，演習を行っていきたいと思います。バーチャルフィールドワークは，革新的かつ実践的な学習手法として多くの新しい可能性をもっています。わたしの教育指針である「百聞は一見に如かず」にとっても，新たな機会を与えてくれました。

【謝辞】
小林梨花さんと鬘櫛愛奈さん，他の研究班の皆さん，授業に参加したゲストの皆さんに御礼申し上げます。

⑨バーチャルフィールドワークスクール（2）

バーチャルフィールドワークとリアルなフィールドワークの教育

山﨑友紀（法政大学）

1 概　　要

　筆者の専門が地球環境学であることから，緊急に解決を迫られているグローバルな問題が多いことを学生たちに気づいてもらいたいということ，また持続可能な社会の実現について学生たちが体験的に学習する機会が必要であると以前から考えてきたことから，本フィールドワークを実施しました。

　本章ではコロナ禍でのバーチャルフィールドワーク（ビール工場の見学），そしてリアルなフィールドワーク（リサイクル工場の見学）の2種類のフィールドワークを紹介します。バーチャルなフィールドワークでは学生にリアルな雰囲気が十分に伝えられる授業にすることに努めました。実際のフィールドワークでは大学内では学ぶことのできない新しい「気づきの体験」を多く設け，学生どうしが共に学ぶ時間になるように心掛けました。

2 学　　生

　すべての回を英語で運営することとし，履修についても学部や学科にとらわれず希望学生が受講できるようにしました。実際の履修学生の所属学部も偏りがなく，学生合計13名で学年は1〜4年生が履修しました。授業参加者は履修者のほか，オブザーバー参加もふくめて国籍は日本，中国，ロシア，韓国，台湾，コートジボワール，アメリカ，インド，と大変多様でした。国内外ふくめてすべての学生において英語力の問題はなく，レポートもすべて英語で提出させましたがいずれも十分書けていて，語学力のバラつきなどは感じませんでした。

3 バーチャルフィールドワークの進め方

　本授業はフィールドワークという授業の性質と，学生教員が共に学ぶというポリシーを共有するために，Zoom授業では全員がカメラをオンにすることを原則としました。また司会は本授業の担当教員が担当し，タイムキーピングも務めました。Zoomを用いたバーチャルフィールドワークでは同じ空気を共有できないことから，講師にはできるだけ授業の前に，個人の自己紹介を丁寧かつフレンドリーに行ってもらうように依頼しました。また授業の後半には講師への質問やコメントのほか，学生どうしの意見交換やディスカッションタイムをできるだけ設けるようにしました。

　さらにゲスト講師には事前に学生たちに読んでおくべき論文や，ウェブサイトを提示してもらい必ず予習をしてもらうようにしました。フィールドワーク後には，学んだことをレポートにして提出してもらい，あわせて講師へのフィードバックを書いてもらい，講師に授業の1週間後にまとめてお送りしました。どのゲスト講師からも，ディスカッションタイムが有意義で，学生からのフィードバックがありがたかったと連絡をいただきました。

　また，学生の中にはコロナの影響を受けて日本に渡航できないため，現地国（韓国，台湾，中

国など) から受講している者も数名いました。かれらにはリアルなフィールドワークに参加して
もらえなかったものの，訪問先に関する動画やウェブサイトを見てもらったりすることで，疑似
的にフィールドワークの内容を体験してもらうこととしました。他の履修授業との重なりのた
めに参加できなかった学生や，海外在住学生にも不利になることのないように配慮しました。

4　バーチャルフィールドワークの紹介：Zoom によるビール工房の見学

　高知県仁淀川町において，地ビール工房会社を起業したばかりの Ken Mukai さんを講師と
して招き，バーチャルフィールドワークを実施しました。

4-1　事前準備

　教員は事前に Mukai さんと Zoom を使った打ち合わせをし，高知県仁淀川町における地域
の活性化や地域の観光業とのかかわり，ビール造りと起業のむずかしさと持続可能なビジネス
について学生に紹介するよう依頼しました。そして，現地のビール造りの場所，廃水処理など
の場所でもインターネット接続や中継が可能かをチェックしてもらい，こちらの希望する講義
の内容を確認してもらうようにしました。Mukai さんからは学生が授業前に学習できる資料
を送ってもらいました。学生たちは，高知県仁淀川町の地理的な情報や講義のアウトラインな
どの事前学習によりスムーズにフィールドワークに入ることができました。

4-2　バーチャルフィールドワーク当日

　Mukai さんのレクチャーではまず自己紹介から始まり，起業に至るまでのプロセスやこれか
らチャレンジしたいことが説明されました。ビールがどのようにつくられるかの醸造プロセス
と，ビール造りでは欠かせない廃水処理プロセスについてカメラ中継をしてもらい，学生たち
にバーチャル見学体験を提供してもらいました。

4-3　現場の人の話を聞く

　自己紹介のパートでは，Mukai さんが日系アメリカ人でありロサンゼルスの高等学校で化学
教員を長年務めていたこと，教育に携わることが好きだったこと，そして 1 年前に日本に移住
して高知県および仁淀川町の支援をえながら，地元活性化のために起業することにしたという
経験などが紹介されました。また，アメリカにいるころからビール造りが趣味で何種類ものビ

Mukai 氏の開発した醸造プロセスと廃水浄化プロセス

ールを作っては家族や友人に振舞っていたこと
や，日本にルーツがあること，高知には大切な
友人がいることなどがきっかけとなって，高知
県仁淀川町に移住することになったことも語ら
れました。さらにビール造りには化学の知識が
往々にして役に立っているという話も具体例と
ともに紹介されました。
　日本に移住してクラフトビール工房の会社を
起業するために，移住してくる前に，何度も高知
県仁淀川町を訪れ，町民や町役場の方と話し合
いを繰り返したそうです。そうすることで最終
的には起業すること自体を仁淀川町が応援して

くれるようになり，町民からも歓迎してもらえる形になれたことがラッキーだったと語っていました。仁淀川町や高知県の地域活性化のための助成金をえられたこと，県や町の活性化のために観光業とタイアップしていることがポイントとしてあげられました。ビール工房だけでなく，ハイキングや登山コースに散在する他の観光スポットや宿泊施設などとも連携をしていくことでたがいに人の流れができて地域の活性化につながるとのことでした。

4-4　ビール工場のバーチャルフィールドワーク

ビールの製造プロセスでは原料の投入や各タンクの役割やしくみ，発酵の流れなど，順を追ってカメラで写しながら紹介して見せてくれました。廃水の完全処理（仁淀川の水質と同等になるまで浄化）プロセスは建物外部にありますが，インターネット接続をしたまま，カメラで装置のしくみを見せるように中継しながら説明を行ってくれました。非常に澄んだ「仁淀ブルー」として知られる川の高い水質と同じレベルにまで，廃水を浄化する工程を丁寧に見せてくれました。ろ過，沈殿，オゾン分解，バクテリア分解などそれぞれの装置がMukaiさんによる手作りでした。すべての見学工程が，音や映像による高い臨場感を伴い，学生たちも目の前（画面上）で丁寧に見ることができたため，バーチャルでも充実したフィールドワークとなりました。学生からの質問も途切れず，ディスカッションタイムを長く行いました。

4-5　学生の質問

このフィールドワークに対する学生からの質問やコメントの例は次のとおりです。

- 廃水処理装置を作るのにいくらかかったのですか？
- 奥さんは転業することに反対しませんでしたか？
- 何年間このビジネスは続くと思いますか？
- 金のためでなく，地域の人と共に助け合うことに生きがいを感じているという，Mukai氏の生き方に驚いた。
- サツマイモやゆずなど，地域の農作物をビールの原料に用いてユニークな味を作り出していることに，持続可能なビジネスのあり方を感じた。
- よい結果を生むために金だけが必要でないことがよくわかった。Mukai氏は金をかけずに自分のアイデアや経験と知識でよい結果を生み出していることがよくわかった。
- 一度，仁淀川町を訪れてMukai Craft Brewingのビールと，それを作っている湧水を飲んでみたい。

5　リアルなフィールドワーク：　石坂産業株式会社（産業廃棄物リサイクル業）でのフィールドワーク

5-1　リサイクル工場について

埼玉県入間郡三芳町上富に位置する石坂産業株式会社をリアルなフィールドワーク先に選定しました。その理由は，SDGsを背景に持続可能な社会を支えるビジネスについて体験を通じて学習することができるからです。石坂産業株式会社は，産業廃棄物のリサイクル会社でありながら，「三富今昔村」という埼玉県で唯一「体験の機会の場」の認定を受けたフィールド園と，自社農園「石坂オーガニックファーム」を経営し，これらの施設を使いながら，国内外の教育団体（小学生から大学生まで）や事業団体を受け入れ，工場見学，廃棄物分別体験，農業ふれ

あい体験，有機農法学習など多くのプログラムを実施しています。教育助成金などもえながら，ローカルからグローバルに広く人の教育プログラムを提供しながら携わってきた経緯があります。すでに「見せる」リサイクル処理場としてレジャーランド化しているといっても過言でないほど丁寧な「見せる」つくりが工夫されています。

5-2　事前準備

　今回は教員が事前に当社に電話をして依頼相談をした結果，本授業のためにカスタマイズしたフィールドワークのプログラムを提供していただけることになりました。学生たちには事前に日本の廃棄物の分類，産業廃棄物とは何か，また近年の廃棄物量やリサイクルの方法などについて論文やウェブサイトを予習させておきました。

5-3　フィールドワーク当日

　朝8時50分に立川駅近くで集合し，学内循環バスを本フィールドワークのために利用して片道約1時間半かけて移動しました。帰りも同じく現地から立川駅まで学内バスを利用しました。朝，学生たちは到着後すぐに石坂産業株式会社の概要説明を聞いたのち，リサイクルの工

程を丁寧に見学しました。冒頭に，今回のフィールドワークの世話役である社員から「丁寧な説明は避けますから，疑問点や自分に新しい"気づき"をもって帰ってきてください，何に気づいたかあとで発表してもらいます」と伝えられていたため，学生たちも目を凝らして見学していました。工場の中は，階段や壁のあちこちが白く塗られていて，見学者は自由にマーカーペンでメッセージを書いていいことになっていました。そこには国内外の多様な見学者が訪れたこと，皆が何かしら考えさせられ，感銘を受けたことが文字に表されていました。今回の参加学生たちもメッセージを残しました。

産業廃棄物（建築系）のリサイクル工程を見学する様子（あちこちの壁には見学者のコメントが残されている）

5-4　食の体験

　リサイクル工程見学の後，石坂オーガニックファームで栽培された農作物をふんだんに使った社員向け弁当が振舞われ，ひとつひとつの材料や，有機農業について丁寧な説明を受けました。ランチを取りながら，社員によって廃棄物問題やCSRなどのトピックが提示され，意見交換が行われました。その後三富今昔村で「持続可能な開発のための教育」を理念に，里地里山や食農育の体験をさせていただきました。森林の木陰や，ハーブガーデンを通じて，一般の方にも開放している三富今昔村ですが，そのなかでどのような教育活動や，ビジネスが展開されているかを紹介してもらいました。中にはアイスクリーム工房，ベジタブルロッジ，動物ふれあいコーナー，オーガニックコレクションの売店などがあり，土曜日であることもあって，一般の利用者によって賑わっていました。

5-5　グループディスカッション

　最後にはグループディスカッションタイムを設け，自分たちの「気づき」を付箋にメモ書きして，ホワイトボードに貼ることになりました。

　キーワードとして持続可能な社会および廃棄物，有機農業などについても気づきがあれば質

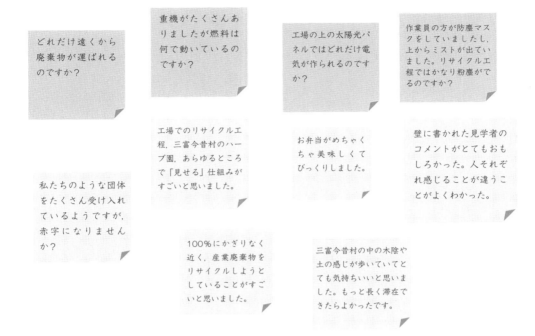

どれだけ遠くから廃棄物が運ばれるのですか？

重機がたくさんありましたが燃料は何で動いているのですか？

工場の上の太陽光パネルではどれだけ電気が作られるのですか？

作業員の方が防塵マスクをしていましたし、上からミストが出ていました。リサイクル工程ではかなり粉塵がでるのですか？

工場でのリサイクル工程、三富今昔村のハーブ園、あらゆるところで「見せる」仕組みがすごいと思いました。

お弁当がめちゃくちゃ美味しくてびっくりしました。

壁に書かれた見学者のコメントがとてもおもしろかった。人それぞれ感じることが違うことがよくわかった。

私たちのような団体をたくさん受け入れているようですが、赤字になりませんか？

100％にかぎりなく近く、産業廃棄物をリサイクルしようとしていることがすごいと思いました。

三富今昔村の中の木陰や土の感じが歩いていてとても気持ちいいと思いました。もっと長く滞在できたらよかったです。

学生からの質問やコメントの例（実際にホワイトボードを利用した）

問や意見交換をして知識を深めあいました。とくにリサイクル工程の見学、三富今昔村の体験においては学生から積極的に気づきが報告され、全員で共有しました。社員の方々がわかる範囲で説明をくわえて下さいました。社員の方からの説明は基本的に日本語であったために日本語と英語の翻訳が必要な場面が多々ありましたが、海外出身者をふくめて履修者の7割程度が日本語を理解できることから、一部の学生に向けて教員および英語の達者な学生が翻訳の手伝いを行いました。言語による不自由は本授業を通じて問題となりませんでした。

6　バーチャルフィールドワークとリアルなフィールドワークの比較

　高知県仁淀川町のバーチャルフィールドワークでは、講師のカメラワークにより、まるでそこに自分がいるかのような雰囲気で、仁淀川周りの外の風景、ビールの醸造プロセス、廃水処理プロセスなどを間近に見学することができました。リアルタイムで講師に質問することも、学生どうしで意見を交換することもできたため、オンラインのバーチャルな企画であっても、臨場感は十分にえられました。遠隔地に講師や施設がある場合でも、このようにオンラインのリアルタイムバーチャルフィールドワークが、十分に教育効果を示すことがわかりました。

　一方、石坂産業株式会社におけるフィールドワークでは、廃棄物処理のプロセスや里地里山、オーガニックファームからの食材など五感を通じて体験的に学ぶことができたため、一人一人が多くのことに気づき、思考を巡らせることができました。また、学期中、ほとんどの授業がオンラインで行われたため、対面で会う機会がなかなかなかった学生たちにとっては、同じ空気を吸いながら、教員や他学生をふくめてたがいに学ぶことができたという充実感がえられたように思われます。

⑩バーチャルフィールドワークスクール（3）
Google Street View によるバーチャルフィールドワーク

熊谷由理（スミス大学）

1　バーチャルフィールドワークの魅力

　バーチャルフィールドワークの大きな魅力は，インターネットとコンピューター，タブレットなどのツールさえあれば，いま自分のいる場所から離れることなしに，時空を超えて色々な場所を訪れ，その現地に関して学ぶことができる点です。たとえば，さまざまな理由で留学ができない学生にとって，あるいは，留学ができない状況のとき，Google Earth や Google Maps の Google Street View という機能を使って自分の行ってみたい場所に降り立ち，その道を行ったり来たりすることで，地域の様子を観察することができます。Google Street View を使うと，まるで実際にその街を歩いているかのように，通りを360度回転して色々な方向から見回したり，さらには建物に入ってその中を探索したりすることもできます。また，場所によっては「タイムマシン」という機能を使って，過去の街並みの移り変わりを時間を追って観察することも可能です。「百聞は一見にしかず」ということわざがありますが，バーチャルながらも，それまで日本語のクラスで学んできた日本に住む人びとの生活の一面を垣間見ることができるのです。そんな経験は，日本語学習を続ける動機づけ，「機会があれば留学してみたい！」という今後の留学のモチベーションにもなるはずです。

2　バーチャルフィールドワークを実施した背景

　「言語景観」ということばを聞いたことがあるでしょうか。わたしたちの周りには，多くのことばがあふれています。たとえば，電車の駅を思い浮かべるとそこには，切符を買うための案内表示，電車の発着時間や行先を表示する電光掲示板，駅付近の地図，観光案内のポスター，デパートや店の看板，飲み物やおかしの自動販売機など，多様な言語，イラストや写真，カラフルな色をつかった「ことば」がたくさんあることに気がつくでしょう。このような「公共空間で目にする書き言葉」（庄司ほか 2009）や「景色の中のことば」（中井・ロング 2011）を言語景観とよびます。言語景観はわたしたちの日常の当たり前の風景になっているため，日頃わたしたちはほとんど気にもとめずに生活しています。しかし，そのことばに注意を払って見てみると，その国やその地域社会の色々なことがわかります。本章では，この実際の生活の中に見えることばに注目して，米国のある私立女子大学の日本語2年生後半コースで行った「日本の街・言語景観プロジェクト」について紹介します。

　筆者が勤務する大学がある米国北東部の小さな町は，ニューヨークやロサンゼルスといった大都市とは異なり，付近に日本語を使った景色が全くありません。そこで，Google Street View を活用して，日本の街をバーチャルフィールドワークすることを考えました[1]。言語景観に関

1）「日本の街・言語景観プロジェクト」は，初級日本語文法を学び終え，日本に関する読み物中心の教科書を使うカリキュラムに上乗せする形で，1学期間（13週間）かけて行いました。もちろん，カリキュラムの内容や目的によっては，地域に関する事前学習に時間をかけもっと長期間で実施したり，反対に短い期間で簡略したりして行うことも十分可能です。

するフィールドワークをする際，学習のフォーカスを変えることで，文字や単語，文法レベルの学習から言語の形式と機能の関係（たとえば，警告の表示には命令形が使われる，など），マルチモード（イラスト，写真，地図など）でのコミュニケーションのあり方，さらには，ことばあそびや比喩的なことばの使い方など，ことばに関する色々な側面を学ぶことができます。

　日本語の授業の一環として行う活動なので，プロジェクトを通して四技能（「読む・話す・書く・聞く」）の力を伸ばすためのステップを取り入れることも大切です。したがって，プロジェクトの目的は次のように設定しました。

①公共の場に存在するいろいろな標識・看板を集め分析し，それらが見る人にどんな意味を伝えているのかを理解する。
②標識・看板についての自分の分析や解釈と標識・看板から推測できるその地域についてわかったこと，プロジェクトの経験についてのふりかえりを，日本語（口頭・筆記）で説明できるようになる。
③ WordPress（ブログサイト）に標識・看板の写真とそれについての批判的な分析や解釈をまとめ，日本の言語景観を経験したことがない人にとって役に立つようなページをデザインする。

　ここでとくに注意したいのは，プロジェクトの目的は，標識に使われていることばを「正しく」解読することではないということです。標識にどんな言語やその他のモードが使われているか，それぞれはどんな役割や目的を果たしている（可能性がある）か，その標識から地域の住民や来訪者についてどんなことがわかるか，標識から言語間のどんな力関係が推測できるか，などを探求することに目的があることを常に頭にいれておくように伝えておきます。

　標識に関する解釈には，ある程度一般化されたものはあるでしょう。しかし，読み手の社会文化的背景によって（「母語話者」の間であっても），その解釈には差があります。それは，どちらが正しいとか間違っているということではありません。大切なのは，自分と相手はなぜそのような解釈をしたのかということをよく話し合うことです。そうすることで，おたがいのもっている目に見えない前提やあたり前だと思っていることが浮かび上がってくるはずです。そして，それが全ての人にとっての前提やあたり前ではないことをしっかりと理解することがとても重要です。また，「日本語の授業の一環なのだから，全て日本語で……」というような考えに囚われず，自分のもっている多言語能力やさまざまな知識を総動員して，日本の言語景観の意味を探るように奨励します。

3　バーチャルフィールドワークの実施

　学生は，チーム（ペア，あるいは3人のグループ）で，自分たちの興味のある日本の地域を選び Google Street View を利用しフィールドワークを行います。

【活動の手順】
1. プロジェクト説明・オリエンテーション
2. Google Street View ワークショップ
3. チームでフィールドワークを行う。
　日本の街を選び，Google Street View を使って，街を歩く。

4. チームで次の点に注意を払いながら，興味をもった標識・看板を 10 個選び写真をキャプチャする。最低三つは意味のよくわからないものをふくむ。公共の標識と私的な看板の両者をふくむ。
   ・イメージ（スクリーンショット）は，はっきり見えるか
   ・複数言語が使われているか
   ・複数の文字（ひらがな，カタカナ，漢字，ローマ字）が使われているか
   ・ことば以外のモードが使われているか（例：イラスト，絵，シンボル，地図など），シンボルのみか
5. チームで４段階にわたる「ガイドとなる質問」に従って分析を行う。分析の各段階（分析 1 〜 4）においてクラスで発表し，フィードバックを受ける。
6. 分析の過程において，チームで教師と会い，分析・解釈におけるコーチングを受ける。
7. 最終的に，チームで選んだ標識・看板の中から三つ選びその分析結果とふりかえりについて Google Docs をつかって協働でエッセイを書く。（評価ルーブリックをもとに推敲，再提出）
8. 標識・看板のイメージ写真とその分析のエッセイを WordPress のサイトにある各チームのポストにあげ，最終成果物を作る。（評価ルーブリックをもとに推敲，再提出）
9. 学期末に，プロジェクトについて Google Slides を使って発表を行う。

　上記４において，意味のわからないものを選ぶように指導するのには理由があります。それは，学生が意味がわからないと選んでくる標識や看板には，その作成者と看板の対象者（多くの場合は「日本人」）が共有する暗黙の社会文化的知識や情報が盛り込まれていることが多く，学生にわからないと指摘されることで教師自身も気づいていない文化的規範や慣習を可視化してくれるからです。また，なぜ最終的に三つの標識に絞ってエッセイを書くのにもかかわらず，最初に 10 個選ぶのかというと，ある程度の数の標識を分析する過程で，そこに言語使用やデザインのなんらかのパターンを見出す可能性があることと，全ての標識が４段階の分析に適しているわけではないことを考慮しているからです。

　このプロジェクトは，チームで行うことと分析の過程で何度もクラスメートや教師からフィードバックを受けることにとても大切な意味があります。上にも書きましたが，その過程を通して，おたがいの異なった視点や解釈に触れ，自分の意見や解釈が絶対に「正しい」のではないことを身をもって経験します。そして，何かをやりとげる（この場合は，プロジェクトを完成する）ために，多様な視点の存在を認め，受け入れることの大切さを体験します。

4　分析の手順

　分析の手順ですが，まず，分析１では，その標識とそれが設置されていた場所について観察し説明することを目的とします。分析２では，標識の目的や対象者，ことばの選択に注意を払うことを目的とします。分析３では，標識がその目的を果たしているのかどうか，標識と地域の関係などをより深く分析，批判することをめざします。そして，分析４では，公共の標識をひとつ選んで自分たちでデザインしなおすことを課題とします。なぜ，公共の標識のデザインをしなおしてみるのかというと，公共の標識は「公共」ということばが示すように，多様な背景をもつ人びとにとってわかりやすい必要があるからです。どうしたら全ての人にもっとわかりやすくなるのかと考えることで，どんな人がその標識の対象から外されているのか，つまり，

社会から排除されているかが見えてくるでしょう。

　具体的なガイドとなる質問は以下の通りです。

〈分析1　説明する・解読する〉
・その標識はどこにありましたか。（例：駅，レストランの前，公園，交差点，など）
・何語が使われていますか。
・どんな文字（ひらがな，カタカナ，漢字，ローマ字）で，書かれていますか。どうして
　だと思いますか。
・ことばの他に，どんなモード（絵・イラスト，シンボル，地図，色，レイアウト，フォ
　ントなど）が使われていますか。
・標識に何と書いてありますか。何のサインですか。
・日本語で書いてあることと他の言語で書いてあることは，同じですか，違いますか。ど
　うしてだと思いますか。

〈分析2　解釈する〉
・標識を作ったのは誰ですか。公共の標識ですか，プライベートな標識ですか（例：日本
　政府？地域の自治体？地域の住民？店のオーナー？）。どうしてそう思いますか。
・なぜその場所に標識を立てたと思いますか。
・標識の目的は何ですか。（例：案内する，警告する，注意する，お願いする，宣伝する，
　など）
・誰が対象者ですか。どうしてそう思いますか。
・なぜその文字（ひらがな，カタカナ，漢字，ローマ字）が使われていると思いますか。
・なぜその言語が使われていると思いますか。
・色々なことばとモードは，メッセージをわかりやすく伝えるために役に立っていますか。
　それとも，わかりにくくしていますか。

〈分析3　分析する・批評する〉
・標識は目的を果たしていると思いますか。
・その標識は誰にとってもわかりやすいですか。どんな人にとってわかりにくいと思いま
　すか。
・どうして他の言語は使われていないのだと思いますか。
・その標識を見て，その地域についてどんなことがわかりますか。（例：誰が住んでいる
　のか，どんな人がその場所に来るのか，など）
・その標識から，その地域に住んでいる色々な人びとの関係についてどんなことがわかり
　ますか。
・あなたは，その標識を見てどんなリアクションをしましたか。その標識についてどう思
　いますか。

〈分析4　改善する〉
・もっと効果的にメッセージを伝えるために，標識の作成者にどんな提案ができますか。
・誰にでもよくわかるようにどう改善したらいいでしょうか。再デザインしてください。

5　学生の作品とふりかえり

　　「日本の街・言語景観プロジェクト」は，2018 年から 2022 年の春学期に四回行い，2018 年 16 名，7 チーム，2019 年 18 名，9 チーム，2021 年 12 名，6 チーム，2022 年 17 名，8 チームが参加しました。コースのプロジェクト専用の WordPress のホームページには，学生たちがチームで分析とふりかえりのエッセイを書いたページが掲示されています。ここでは，2019 年の学生の作品を例としてあげました。

【2019 年　学生の作品】

調査地域	作品のタイトル
大阪	大阪に行きましょう！
東京・新宿	眠らない街・隠している街
東京・池袋	標識から池袋を読もう！
京都・嵐山	百聞は一見にしかず：嵐山で標識のアドベンチャー
横浜・中華街	中華街のサインかどうか？
東京・浅草	浅草に行こう！
東京・秋葉原	秋葉原でどんな標識をみつけましたか？探して見ましょう
大阪・生野区	スタイルか機能性か：生野区の韓国語が使われている標識
東京・渋谷	渋谷駅の日本人はストレスで一杯だ

　　この九つの中から，大阪・生野区の言語景観を調査した学生 2 人の作品を紹介します[2]。

スタイルか機能性か：生野区の韓国語が使われている標識

　　大阪の生野区にたくさんの韓国系日本人が住んでいます。レストランや店が多いし，賑やかだし，おもしろい所のような気がします。私達は韓国語を勉強しているので，生野区に興味があります。どうしてある標識は韓国語を使うのか，そして，ある標識は使わないのかと考えました。韓国語を使う目的は何でしょうか。標識を分析しながら，この質問について考えました。

　　最初の部分で，なぜこの地域をフィールドワークの対象として選んだのかを説明しています。この 2 人は，当時韓国語も勉強していたので，英語，日本語，韓国語の多言語を有効に活用して生野区の言語景観を分析することにしました。研究の根底にある「どうしてある標識は韓国語をつかうのか，そしてある標識は使わないのか」という疑問を出発点に地域の標識・看板を調査，分析しはじめたことがわかります。

　　次に，一つ目「キムチの店」の看板について以下のような分析をしています。

2）実際の WordPress 上には，学生が Google Street View でキャプチャしたイメージが掲載されていますが，著作権の関係上，この章にあるイメージは全て筆者が自分で撮った写真と入れ替えてあります。

生野区の道を歩きながら，たくさんのレストランの標識が見られます。（中略）
日本語の他に，韓国語と，韓国と日本の国旗が使われています。多くの韓国人が生野区に住んでいるそうですから，その人びとに宣伝している気がします。（中略）
もう一つおもしろいことはどうしてキムチだけ韓国語で書いてあるのでしょうか。（中略）それは，このキムチの言葉は言語としてではなく，デザインとして使われているからだと考えました。

　この部分では，言語（日本語・韓国語）以外のマルチモード（国旗）にも注意をむけ，誰を対象に作られた看板なのか，文字の大きさや言語の選択の意図や役割などを批判的に読み取ろうとしていることがわかります。どうして「キムチ」だけ韓国語で書いてあるのか，どうしてチャンジャ専門店なのにキムチという文字のほうが大きく書かれているのかを考え，そこから，韓国語で書かれた「キムチ」は，言語としてではなくデザインとして使われていると結論づけました。紙面の関係上省きますが，これに続いてもう一つ別のレストランの看板の分析を行い，レストランの看板上での韓国語の使用を鶴橋駅の改札案内（日本語，英語，中国語，韓国語，およびシンボルが使われている）と比較することで，韓国語の文字は「言語」としてではなく「デザイン」として使われているという結論が再度強調されています。
　最後に大阪府の設置した「川をきれいに美しく」という標識について，次のような分析を書いています。

この標識は橋の前で見つけました。（中略）「大阪府」と書いてあるので，公共の標識だと思います。英語と韓国語が全然ありませんが，川の名前にふりがなが使われています。

でも，どうしてすべての漢字にふりがなを使っていないのでしょか。それに，道の向こう側に「コリアタウン」という入り口があるのに，どうしてこの標識は韓国語で書いてないのでしょう。大阪府がこの標識を立てたので，多分「ここは日本なので，日本語だけ使った方がいい」というのが大阪府の考え方かもしれないと思います。その上，この地域は観光地なので，標識の目的は旅行者や住民に川にゴミを捨てないように言っていると思います。

> それで，この標識を分かりやすくするために，私達は韓国語と英語など外国語を使った方
> がいいと思いました。その上，子供が標識を理解できるように，フリガナを多くすれば，
> 分かりやすくなるような気がします。マスコットを使った理由の一つは標識がつまらない
> と，あまり多くの人びとが気づかないからだと思います。もしあなたがここに歩いていて，
> マスコットがなかったら，この標識に気がつくでしょうか。

　　ここでは，マルチモードとして，魚のイラスト（「マスコット」）や大阪の標章に着目し，魚
のイラストがなかったら多くの人が気づかないだろうと分析することで，言語とイメージの意
味づくりの関係も考えています。また，川の名前にだけ使われているふりがなと，「英語と韓国
語が全然ない」と，使用されていない言語にも注目し，この標識は，子供や観光客にとって親
切でないばかりか，コリアタウンの入り口の前にあるにもかかわらず，韓国語が書かれていな
いことの裏には，「ここは日本なので，日本語だけ使った方がいい」という大阪府の考え方があ
るのかもしれないという言語選択の政治性にも考えをめぐらせています。そして，この標識を
分析4「改善する」対象として選び，標識を多くの人にわかりやすくするため，子供が理解で
きるように，漢字にふりがな，そして，英語，韓国語，中国語をくわえた標識を再デザインし
ています。
　　エッセイの最後には，分析後のふりかえりが次のように簡単に書かれています。

> 生野区はとてもおもしろい地域だと思います。このプロジェクトを分析した時，私達は標
> 識を作った人がどうして韓国語で書いたり書かなかったりしたのかと考えました。今韓国
> 系日本人はたいてい日本語の方が韓国語より話すかもしれないのに，どうして標識で韓国
> 語が使われているのかも考えました。プライベートの標識の方が公共の標識より，韓国語
> が多く使われています。それで，効果的にメッセージを伝えるためではなく，デザインの
> ために，韓国語が使われている傾向があるような気がしました。
> 皆さん，生野区に旅行するなら，韓国語を学んで見ましょう！色々な外国語を学ぶと，コ
> ミュニティ全体を理解できます。

　　二人は，コリアタウンなのだから韓国語が使われているはず，使われるべき，という単純な
視点からではなく，なぜあることばは韓国語で書かれ，あることばは日本語で書かれているの
かという疑問を出発点に，なぜ韓国語には日本語での読み方があるのに，日本語には韓国語で
の読み方がないのか，なぜ「川」の標識には日本語しか使われていないのか，といった問いを
追求することで，誰のための何のための多言語使用なのか，ということを考えました。その結
果，意味伝達が目的ではなく「デザイン」として韓国語が使用されているという点，その一方
で，大阪府のたてた「川」の標識での韓国語の不使用は，日本における多言語話者の同化を前
提とする言語政策かもしれないという解釈にも到達したとプロジェクトの発表会で述べていま
した。さらに，その理解から一歩進み，自分の住んでいるアメリカのコミュニティーでも同様
のポリシーがあることに初めて気づいたとペアの一人，バーモント出身の学生はコメントして
いました。
　　このプロジェクトを行った翌年，この作品をつくった二人の学生は，京都に留学しました。
そして，京都に滞在中，実際にこの場所を訪れ，自分の足でこの地域を歩いて標識や看板を見
て回ったということです。

6　おわりに：海外に行かないフィールドワークの可能性 ―――――――――――――

　本章では，バーチャルフィールドワークの一例として，Google Street View を活用して行った言語景観プロジェクトを紹介し，一つのチームの学生の作品を少しくわしく見てみました。

　「ネットジェネレーション」「デジタルネイティブ」ともよばれる現代の学生にとって，バーチャルフィールドワークは抵抗なく入っていける手法なのではないでしょうか。もちろん，実際にその場に立ち，音や匂いを体感し，現地の人と直接触れ合うという側面はバーチャルでは経験できませんが，Zoom などのビデオツールを活用して時空を超えた場所に住む人と交流をしたり，インタビューを行ったり，さらには，国際共修という形でプロジェクトを行うことも十分可能です。Google Docs，Google Slides などを使えば，世界中から協働でひとつの作品をつくりあげることも安易にできるでしょう。

　海外に行かないフィールドワークは，実際に移動にかけるお金や時間の節約，わたしの学生のように身近に「日本」を経験する場がない状況での有効な代替策となりえます。そして，2020 年にコロナパンデミックによってもたらされた外出自粛を強いられる不穏な時代であっても，自宅を離れることなく安全にフィールドワークを行うことができるというのは，なによりも大きな利点だと言えると思います。

【謝辞】
「日本の街・言語景観プロジェクト」の実践においては，当時ティーチング・アシスタントをしてくださっていた髙橋裕子氏（マサチューセッツ大学アマースト校）に多大な力をお借りしました。心より感謝いたします。

【参考文献】
内山純蔵［監修］／中井精一・ロング，D.［編］(2011).『世界の言語景観　日本の言語景観――景色のなかのことば』桂書房
庄司博史・バックハウス，P.・クルマス，F.［編］(2009).『日本の言語景観』三元社

⑪コロナ禍の留学生たちによるフィールドワークの意味

社会の境界線越え

村田晶子（法政大学）

1　コロナ禍のフィールドワーク

　　新型コロナウイルス感染症の拡大は，日本の大学で学ぶ留学生の生活に大きな影響を及ぼしました。コロナ禍で感染症の不安があるなかで，異国で一人で暮らし，オンライン授業に対応するために PC に向かって課題をこなす日々の中で，孤独や不安を感じていた留学生は少なくありませんでした（村田 2022a）。しかし，人と人とのつながりが希薄になり，外出がむずかしかった状況においても，留学生たちは探索的なフィールドワークを通じて，人や社会とつながり，学ぶことを続けていました。本章はコロナ禍で留学生たちが実施したフィールドワークを分析し，①留学生がどのような角度からコロナ禍の社会の調査をしたのか，②どのように人びととかかわったのか，③フィールドワークの実践を通じて何を学んだのかを分析します。

2　フィールドワークを通じて学生が人とつながる意義

　　教育現場で学生のフィールドワークの実習を行う目的として，社会分析力を高めること，質的調査法のスキルを学ぶこととともに，さまざまな人々とかかわり，相手を尊重しながら調査することの大切さを知ること，そして，それを自分自身の今後の成長につなげることがあげられます（原尻 2006，村田 2018a, b）。フィールドワークはもともとは文化人類学で発展した質的な調査の手法で，西洋の人類学者が植民地におもむき，未開の地の「他者」を調査することから始まりました。フィールドワークの結果をまとめたエスノグラフィー（民族誌）は，自己の集団とは異なる人びととの差異を記述することを通して，他者との境界線を構築し，異なるグループを対象化（他者化）する言語実践であったともいえます（村田 2018a）。しかし，1970年代以降の人類学の自己批判の中で，異文化の分析に内包される課題が指摘されるようになり，調査者が特権的な立場から他者について調査することに対する批判の高まりを受け，調査者自身がフィールドとのかかわり方を意識した調査を行うことが大切にされています（Clifford & Markus 1986, Marcus & Fisher 1986）。フィールドワークは，現場の人々の声に耳を傾け，相手を理解しようとする機会であるとともに，自己と他者とのつながりを模索する社会実践でもあります。学生がフィールドワークを行う際，そうした自分自身の社会参加の実践としてフィールドワークを意識することは非常に大切なことです。エスノグラフィーを執筆し，他者とのかかわりや相互作用をふりかえり，自分の変化や成長を意識することは，今後の多様な人々とのかかわりや，社会での協働の糧になることが期待されます（村田 2018a, b）。

　　コロナ禍になり，入国制限や対面接触の制限により，人とつながりをもつことが困難な中で，学生たちのフィールドワークの可能性が狭まるのではないかと危惧されましたが，実際の留学生たちのフィールドワークを見ると，さまざまな切り口からコロナ禍の社会を分析し，人とつながりながら，社会の課題や人の生き方について学んでいました。本章ではこうした留学生たちのフィールドワークの実践を紹介します。

3　フィールドワーク科目の概要

　筆者が国際学生を対象として行っているフィールドワークの授業の流れは表1のとおりです。授業ではフィールドワークの基本的な技法を学び，学生がそれぞれ興味のあるテーマを選び，自分の調査を進めていきます。そして，フィールドワークの進捗状況をクラスで共有し，教員やクラスメートとディスカッションを行いながら自分の調査を深めていきます。

表1　コースの流れ

週	授業	各学生の調査
1	オリエンテーションとテーマ選び（1）	
2	質的調査法概論，テーマ選び（2）	
3	参考情報の収集・研究計画を立てる	
4	インタビューの質問を作る・インタビューのマナーと調査協力依頼書作成	調査開始
5	インタビューの練習・ペアでの録画	↓
6	インタビュー練習録画のふりかえり・ディスカッション	↓
7	観察の練習，フィールドノート・日誌作成の練習	↓
8	観察記録のふりかえり，エスノグラフィーを読み，ディスカッション	↓
9	インタビューのスクリプトの分析とディスカッション	↓
10	結果のまとめ・調査者としての立場についてディスカッション	↓
11	発表準備（学生による相互チェック）	調査終了
12–13	発表	
14	フィードバック・ふりかえり	

　学生のフィールドワークのテーマは，それぞれの興味のある分野や専門によって多岐にわたります（たとえば，大学生の就職活動の実態，恋愛経験，友人作り，移民調査，若者の政治意識，宗教感覚，ブランド品消費，性教育の受け止め方，エコ意識と実際，アルバイト先での言語使用実態など）。

　2020年にコロナ禍に入ってからは，コロナに関するテーマを選ぶ学生が増えました。本章ではこうした留学生たちのコロナ禍と関連したテーマでのフィールドワークを分析し，かれらがどのような視点からコロナ禍を捉えたのか，どのようにフィールドワークで人とかかわったのか，そしてかれらがフィールドワークを通じて何を学んだのかを分析していきます。

4　留学生たちのコロナ禍での四つのフィールドワーク

　本章では留学生の作成した四つのエスノグラフィー（フィールドワークをまとめたレポート）を検討します。エスノグラフィーは，それぞれ3000字程度の長さがありますが，ここでは①テーマを選んだ理由，②人とのかかわり，③フィールドワークの省察の3点が書かれている部分に焦点を当てます。学生たちのフィールドワークのテーマは次のとおりです。

留学生たちのフィールドワークのテーマ

節	学生名（出身）	テーマ
1)	マルヤム（イラン）	コロナ禍の自己の就活体験をフィールドワークする
2)	リュウ（中国）	コロナ禍のオンライン留学をフィールドワークする
3)	シュウ（香港）	日本の若者たちが政府のコロナ政策をどう受け止めたかを探る
4)	ダオ（ベトナム）	コロナ禍の居酒屋におもむき，店主や客と対話する

　上記の 1）〜 4）の調査において，留学生たちがフィールドワークを通じて，どのような人びととつながったのかを示したものが以下のネットワーク図（調査中の人とのかかわり）です。筆者が学生たちのエスノグラフィーの記述をもとに図を作成し，当該学生たちに確認してもらいました。

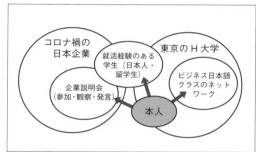

1）就活体験調査
この調査では留学生が企業説明会の関係者（企業の担当者や参加学生），ビジネス日本語クラスの教員・学生，就活経験のある学生たちとつながり，就活の方法を学んだ。

2）オンライン留学の調査
この調査では，留学生がオンラインで 3 か国の学生とつながり，また，自分の学生寮の友人のオンライン授業の行動を観察することを通じて，オンライン留学の実態を調べた。

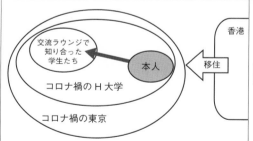

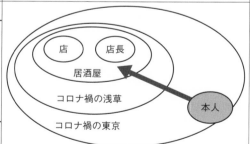

3）若者のコロナ禍の政治意識調査
この調査では，留学生が家族と共に香港から日本に移住したことから，日本社会の「参加者」となったことを意識しながら，日本の大学生とのかかわり，政治意識について話を聞いた。

4）コロナ禍の居酒屋調査
この調査では，留学生がコロナ禍の浅草の飲食店街を訪れ，試行錯誤しながら，調査ができる店を探し，そこで店長や客と対話しながら，コロナ禍の居酒屋と人びととのつながりを学んだ。

留学生たちのフィールドワーク中のネットワーク
村田（2022b）から

4-1　コロナ禍の自己の就活体験をフィールドワークする

　マルヤムさんはイラン出身の留学生で，2020年から2021年にかけて1年間日本に留学しました。将来は日本で就職することを希望していたため，フィールドワークのテーマとして，就職活動を選び，自らの日本での就職活動経験を記述，分析しました。以下，マルヤムさんは初めて就職説明会に参加した際の様子を記述しています（コロナ禍のため，説明会や面接はオンラインで行われました）。

> 最初のステップ，説明会に参加した。初めての説明会で，質問コーナーがあったが，自信がなく，正しく発音できなかった。日本語の問題よりも，今まで経験したことがない環境だし，60人以上の参加者の中，たった一人の外国人だったから，違和感も感じた。次の説明会で発言できるようになるために，インターネット，リクナビやYouTubeなどで調べて，ノートを作った。（中略）
> 次の説明会では，グループ面接もふくめてあった。私と4人の日本人の学生が同じ質問に答えた。「大学のとき，一番，力を入れたことはなんですか。」と聞かれたとき，最初は非常に緊張したが，他の学生の経験のエピソードを聞いたら（中略）他の国の大学で勉強していた日本人の学生も私や私の周りの人たちと，それほど違いはなかった。ちょっと安心し，自分の経験についても話した。（中略）それはビジネスシーンで，全員日本人のグループ活動をはじめてした経験であった。

　マルヤムさんは，就活に際して，さまざまなソーシャルネットワークや周囲のリソースを活用しました。ビジネス日本語クラスを履修し，エントリーシートの書き方や自己分析について学び，教員や学生とディスカッションをしたり，メディアで就職活動の方法や情報を学ぶことで次第に就職活動に自信をつけていきました。また，就活中の日本人学生，日本で就職経験のある外国人留学生，日本人学生とつながり，日本での就職活動の方法や仕事の進め方について話を聞くことによっても多くのことを学びました。

　選考プロセスはコロナ禍のためすべてオンラインで行われ，マルヤムさんは会社の雰囲気が直接観察できないことを残念に感じましたが，オンラインでの就活を通じた学びとして以下のように記しています。

> 電話，メール，zoom meetingのようなさまざまな場面で日本語を使い，日本の社会とつながった。その影響で，日本語も聞き取り，書くこと，発音することの分野で上達した。例えば，アルバイト時のエピソードについて話しても，相手に通じ，その内容についての質問にも答えられた。

　さらに，就職活動への適応だけでなく，企業の説明会の観察から，日本の企業の外国人留学生の採用方法の特殊性について以下のような考察も行っています。

> 最初は全然気づかなかったが，お知らせ，説明会，面接，全部のプロセスが日本語で行われる。IBMや楽天のように学生が英語の選択もできる企業は少ない。留学生向けの説明会も全部日本語であった。グローバル人材を採用したいという会社のウェブテストにもかかわらず日本の教育に基づいた知識を確認した。
> 「異なる価値観と考え方から新しいアイデアを生み出す」という文章を説明会の始まりで

述べた会社でさえ，面接が日本語で行われた。その文章さえも日本語であった。つまり，グローバル人材と言っても，日本語がN2以上で，面接マナーなどでも日本の文化をわかる外国人としか働きたくないということだ。そのような外国人が何人いるか，そのようにハードルが高いとしたら，日本で働きたい優秀な人材は多いのだろうか，というような問いを考えるようになった。（中略）

最後に，今度の就職活動はまだ終わっていないが，失敗したとしても，この社会参加を通じて，大学の専攻に活かすだけでなく，日本との関係を築いたことが，留学生としての大きなステップだと思う。

4-2　コロナ禍で来日できない留学生をフィールドワークする

　リュウさんは，中国の大学の学生で，日本に半年間留学する予定でしたが，コロナ禍での入国制限により，来日することができず，オンラインで日本の大学の授業を受けていました。調査テーマを選んだきっかけについて，リュウさんは以下のように記しています。

　今年，新学期になって，予定の通りに入国することができない留学生が国際社会と教育界の話題となっていた。個人的にも（留学先の大学の）対面授業を受けられないことを，苦しく思っていた。テレビやSNSで「入国できない」という話題を見るたびに，留学生の悩みに共感した。（中略）本調査では，オンライン留学の経験者はどのようにオンライン授業を受けているのか，オンライン留学の学生たちの意見や経験を聞き，学生がどのようにおたがいに助け合えるのかを考えたい。

　リュウさんは，オンラインで海外大学の授業を受けている3名の学生にインタビューし（日本人学生，中国人学生，韓国人学生），オンライン授業の大変さとともに，オンラインの授業のよさ，クラスメートとのつながりを明らかにしています。くわえて，自身が住んでいる中国の学生寮の友人たち（オンライン授業の受講者）の生活を観察し，以下のように記述しています。

　Dの寮の観察。彼女の大学では，4人が一つの部屋に住んでいる。写真は彼女のデスクで，毎日オンラインクラスを受ける場所である。寮は狭いので，一般的に学生たちは寮の机で勉強せず，図書館で過ごす時間が長くなる。しかし，彼女はオンラインレッスンを受けたいので，いつでも（オンラインで）話すことができる部屋が必要である。そのため，彼女はほとんどの時間をこのテーブルで過ごす。（中略）

日本と中国の時差はたった1時間だが，それでもDとDのルームメイトの日常生活に影響を与える。Dはルームメイトより1時間早く起きて，オンラインクラスに出る。たまにオンラインクラスで話すこともある。DのルームメイトはDの状況を理解しているが，Dはルームメイトの生活を邪魔するのは恥ずかしいと感じている。以前は，Dはルームメイトと夕食に行っていた。しかし，今学期は，ルームメイトとの生活時間には1時間の差があるため，

リュウさんが撮影した学生寮の友人Dの勉強机の様子

寮でテイクアウトを一人で食べる。「実は，オンラインの授業ができてとてもうれしく，私のルームメイトもとても親切ですけど，今学期はだんだん寂しくなってきたと思います。」，彼女はそう言った。

【フィールドワークで学んだこと】
私は2年前から，日本への交換留学を楽しみにしていたから，交換留学のため，頑張っていた。H大学の留学のプロジェクトが人気だから，希望者の中からGPA順と面接で決まる。長い間期待していたから，結局オンライン留学になったときは，期待が裏切られて，落胆を深く感じた。このテーマを選んだ時もまだ少し気分が落ち込んでいたから「他の留学生からも愚痴をいっぱい聞く可能性が高いな」と思った。
しかし，インタビューと観察を通して，協力者たちはオンライン留学に対し不満があるが，想像以上にオンライン留学に熱心だと気づいた。苦しい時期でも，皆，強く日本語・中国語を勉強したい気持ちをもっていた。協力者はオンライン留学のおもしろいことやうれしいことを教えてくれて，私もうれしくなった。インタビューで「そうだ，オンライン留学もそんなに悪くない」と実感した。実際に私は，インタビューの協力者から，勇気をもらえたと思う。コロナ禍での留学は大変になったが，大変だからこそ，普通の留学と異なる経験をするのは悪くないなと考える。

4-3　日本の若者たちが政府のコロナ対策をどう受け止めたか探る

　シュウさんは香港出身の学生で，フィールドワークでは，日本の若者が政府のコロナ対策をどのように感じているのかを調べました。シュウさんはこのテーマを選んだ理由を以下のように記しています。

短大生活が終わるまできっと香港にいると思いきや，思いもしなかったことに，家の事情で日本のコロナ禍が始まったばかりの2020年2月に日本に来ることになった。今まで出身地において観察者として日本社会のことを注意深く見守っていたのに，いきなり「社会の参加者」という身分に変わったりすることや，実際の社会は教材通りに進まないということに不安を覚えた。そして，自分がもっている知識の乏しさを痛感した。（中略）
2020年の丸1年間，コロナ禍で日本社会，日本の全体が停滞状態に陥ってしまい，過去の世界各国からの観光客が一気に姿を消し，観光地も想像できないほど活気を失い，数多くの経営者が経営難に陥ってしまった。歴史的には最悪な一年といえるのだが，外国人である自分も直接体験したが，日本政府のコロナ対策についてはやり方が緩すぎたのではないかと不満をいだいたり，外国のようにロックダウンすべきではないかと疑問を感じた。そういうわけで，日本の若者の考え方についてやけに気になり，心がもやもやしていた。ほかの留学生とは違い，出身地に戻らずずっと日本にいる可能性が大きいので，今後日本で生活することを考慮すると，日本ならではの常識や価値観を身につけるのが，私にとっては向き合わなければならない課題であり，社会に溶け込むのに欠かせないことだと思う。しかし，留学生向けの教科書ではそのようなことはみじんも載っていない。それがきっかけとなり，わたしは「日本政府のコロナ対応（政策）について大学生に聞く」というテーマで本研究を始めた。

シュウさんは大学の交流ラウンジで知り合った学生たちから話を聞きました。エスノグラフィーの以下の部分では，仲のよい学生とよく知らない学生の2人に話を聞くことを通じて学んだことを記しています。

初めてのインタビューなので，インタビューの相手をどのような方式で見つければいいか全くわからなくてちゅうちょしていた。幸いなことに，（大学の）留学生向けの国際交流団体において1人の親友（Tさん）ができたので，10月の下旬にTさんと約束を取ったのが調査の糸口になった。Tさんは大学4年生で，もともと去年卒業するはずだったが，中国での留学で1年延びたようである。彼女は明るくて親しみやすい人柄をもっているうえに，中国語もできるから，Tさんとしゃべりはじめたら，数え切れない程の話題があり，2時間以上もしゃべりあったことがあった。ただ，仲のいい友だちとインタビューすると，時々深い話がしにくいところもあるから，少し心配していた。緊張感を覚えた。（中略）親しい人と，全く知らないでもないが距離感を感じさせる人とどのような言い方がいいか，今回の調査ではっきりわかるようになった。「人との距離感」を感じ，適切な距離を保つことが大事だと悟った。

最後にシュウさんは学生たちからさまざまな話を聞き，若者があまり政治に関心がないことを知り，以下のように述べています。

【フィールドワークで学んだこと】
個人的には，やはり自分の国の政治や社会の出来事に関心をもつ若者がまだ少ないことに心配している。（私は）これからずっと（日本に）住んでいくはずなのに，投票権などがないから社会を変えることができないところは辛い思いもするが，一応日本社会の「参加者」の一人として，きっと何かできるのではないかと思っている。

4-4　コロナ禍の居酒屋におもむき，店主や客と対話する
ベトナム出身の留学生のダオさんは，フィールドワークのテーマとしてコロナ禍の居酒屋の状況を調べることにしました。ダオさんの記述からは，苦労して店を見つけ，話を聞けた状況が伝わってきます。

【居酒屋の訪問記録（抜粋）】
浅草伝法院通り商店街の突き当りのところに，たくさん居酒屋がある。私は金曜の夜20時から23時まで居酒屋のある路地を観察したり，店でインタビューのチャンスを探したりした。なぜ金曜日を選んだかというと，この日はお客さんが一週間の仕事が終わり，ストレスを解消する日だからよいと思ったのだ。しかし，10月25日までに緊急事態宣言が「全面解除」されたが，8時過ぎになっても開店しないお店が多く，調査はあまりうまくいかなかった。私はそれでもお客さんたちが浅草に来る目的や理由が知りたかったので，他の場所を探し，11月6日に浅草の地下街の店を見つけて，インタビューをすることができた。忍者風の居酒屋は，非常に心地よい雰囲気で，店長と客とおしゃべりしたり，自分も客としてインタビューした。忍者のような店長はもとより，お客さんには大学生の女性やスタイリッシュなドレスを着た日本人のおじさんもいたため，さまざまな意見を記録できた。
一緒にお酒を飲んで，ゆったり昔の日本のカラオケの音を聞いた。他にお客さんはいなか

った。インタビュー前に30分ほどの間，気軽に話した。雰囲気がよくなり，緊張感が消え，店長と二人のお客さんから録音の許可をえてインタビューが始まった。

【調査者】　えーっとね，観光地でお友だちと一緒におしゃべりとか，居酒屋に行くこととか，今まで前の普通に戻る状態でしょうか。
【リンさん】普通と同じということ。
【調査者】　そうですね。
【リンさん】同じではない。まあ，多分例えば，会社に行って，なんか40代，50代の方，60代の人は一緒に遊びに行けない，前みたいにはそれでいけないけど。
　　　　　　でも，若者たち，20代とか，前と一緒に行っているかも。
　　　　　　だから，前と100%じゃないけど，まあ，年。その人の年齢もあるかな。
（ダオさんのエスノグラフィーから一部抜粋）

　最後に，ダオさんは今回のフィールドワークの経験が，自分が今後日本で暮らしていくための糧となるものであることを以下のように記しています。

【フィールドワークで学んだこと】
調査はかなり限られた場所で，外国人を歓迎するレストランの小さな一角でしか観察できなかった。日本人や地元の人々だけを受け入れる特定の場所のデータがなかった。（中略）言葉の問題があっても，感情を表現したり，話したり，共有したりすることで，外国人にもチャンスがあると思った。自身の視点からここでの飲酒文化を少し想像できることは，ちょっとした私の背景になる。これが私の将来の日本での生活に少しでも役立つだけでなく，おもしろいと思うたくさんの文化を楽しむのに役立つことを願っている。（中略）最後に東京の酒場に始まり，時間とともに庶民の生活に慣れてきた。大衆酒場の中で，国籍は関係ないと思う。居酒屋での調査が終わるころ，人々はおたがいに挨拶しながら，深夜まで近所で語らいあっていた。この光景がいずれは私の日本の生活の一部となり，馴染んでしまうかもしれない。

5　考　察

　本章では留学生の四つのエスノグラフィーを見てきました。かれらのフィールドワークの記録と分析からは，コロナ禍での多様な人びととのつながり，社会参加のプロセス，かれらの変容を知ることができます。こうした記録は，本人にとっては日本での社会実践，成長の記録として貴重なものでしょうし，今後の社会参加において学んだことを生かしていくためのリソースとなるでしょう。また，かれらの記録は，今後留学する予定の学生（外国人留学生，国内学生）にとっても参考になるもので，人とつながることが制限されていた時期であっても，探索的な学びをすることが可能であることを知るうえで，また，具体的な実践方法を学ぶうえで役立つものでしょう。
　①のマルヤムさんの就職活動のフィールドワークでは，コロナ禍での日本での就職活動に最初は違和感を覚えたものの，さまざまなネットワークや情報を活用し，対応していったプロセスが記述されており，こうした記録とふりかえりは，日本で就職活動を考えている学生が参考にすることができるでしょう。また，マルヤムさんの記述は，就職活動を社会参加として捉えており，企業の説明会は，日本の企業に相手に学生が選ばれるプロセスであるだけでなく，留学生が逆に企業や社会のあり方を観察する機会でもあることを示しています。マルヤムさんの

観察力や省察力は労働世界に入っていくうえでも役立つものでしょうし，他の就職活動をしている学生にとっても参考になると思います。

　②のリュウさんのコロナ禍のオンライン留学のエスノグラフィーにおいては，リュウさんは当初，他の留学生から「愚痴」が聞かれるのではないかと予想していましたが，日本，中国，韓国の学生とつながり，また，学生寮の友人の行動を観察することを通じて，オンライン留学の苦労と共に，学生間の協働のよさを知ることとなり，そのことが，リュウさん自身のオンライン留学の捉えなおしにつながっています。オンライン留学の意味について，よい，悪いの二項対立的な視点を越えて考えていくうえで，こうした調査結果は参考になるでしょう。

　③のシュウさんは，コロナ禍の若者の政治意識を調べるなかで，「移住者」としての自分自身と日本社会とのかかわりを省察しています。家族と共に香港から日本に移住したばかりで，自分には選挙権がないので社会を変えることはできないものの，社会の「参加者」として何かができるのではないか，と述べている部分は，フィールドワークを通じて学生自身が社会との関係を省察し，自分に何ができるのかを考える機会になっていることを示しています。シュウさんが，こうした自己と社会との関係性を問いつづけていくことは，今後の社会参加や他者との協働を深めていくうえで，重要な力となるでしょう。また，こうした分析は，移動する若者たちが，新しい環境にどのようにかかわっていくのかを考えていくうえでも参考になるでしょう。

　④のダオさんのエスノグラフィーでは，コロナ禍の浅草における居酒屋の人々が描かれています。ダオさんが行ったフィールドワークは，自分のよく知らない場所（浅草の飲み屋街）で，知らない相手に話を聞くため，事前にアポをとってインタビューをするよりも，予測がむずかしく，調査としての難易度が高いと考えられます。しかもコロナ禍で感染症対策が求められる中での調査であったことから，ダオさんが調査ができる居酒屋を探すのに苦労したことがうかがえます。しかし，最終的に調査ができそうなお店を見つけて，話を聞くまでの記述は，ダオさん自身が客として居酒屋を楽しみながら，話を進め，相手の了解をえて録音をするなど，人とつながるソーシャルスキルの鍛錬のプロセスも示しており，ダオさん自身も「外国人にもチャンスがある」と述べています。こうした経験からえられた自信は，今後の日本での就職活動や社会参加にも生かしていけるでしょうし，他の学生がフィールドワークで現場におもむき，人びとの話を聞く際の参考にもなるでしょう。

6　社会的な境界線を越えて

　学生たちのエスノグラフィーは，さまざまな人びととのつながりを記述していましたが，単純に人とつながれたというだけでなく，かれらがそうしたつながりを通じて，社会的な境界線を乗り越えようと模索したことも見てとれます。

　前述したように，伝統的な人類学のエスノグラフィーとは，未開の地に赴き，現地の人びとを自分とは違う「他者」として記述することから始まっており，他者との境界線引きの歴史であったともいえます。しかし，人類学の自己批判にも見られたように，現代のフィールドワークにおいて大切な点は，調査者が，フィールドで出会った人々とかかわるなかで，社会のさまざまな境界線を探り，それを越えるために何が必要なのか，フィールドにかかわった当事者として考える姿勢をもつことでしょう。そうした視点から見たとき，学生たちのエスノグラフィーには，かれらがさまざまな社会的な境界線を越えようとした模索を見ることができます。

　マルヤムさんの実践では，日本の労働社会との境界線，日本の企業の特異な就活システムを乗り越えるための模索が見てとれます。また，リュウさんの調査は，コロナ禍の外国人の入

国停止という社会の境界線を反映しており，リュウさんのエスノグラフィーでは，制約を越えて学び合い，留学を充実したものにしようとする学生たちの模索を見ることができます。また，シュウさんの政治意識調査の考察からは，外国籍の住民には参政権が認められていない，という社会的な境界線が浮かび上がってくるとともに，社会の参加者としての移住者の可能性も感じさせてくれます。最後のダオさんの調査においては，コロナ禍において居酒屋を外国人が調査することをむずかしく感じた背景として，感染への恐れから外国人との接触を避ける状況も無関係ではないように思います。ダオさんのエスノグラフィーからは，そうした境界線を越えようとする模索を見てとることができます。

　筆者は，留学生のフィールドワークの指導を長年行っていますが，コロナ禍になり，フィールドワーク教育をどのように指導すべきか不安を感じていました。しかし，本章で見たように，留学生たちは，「コロナだからできない」という制約を越えて，「コロナだからこそ調べたいこと」を探し，コロナ禍の社会のさまざまな側面を切り取って，人とつながっていました。そして，かれらのエスノグラフィーは，学生たちの社会的な境界線越えの模索を映し出していました。こうした記録は，かれらが自分の変化を可視化し，そこから自信をえるうえで重要なリソースとなるものでしょうし，社会的な境界線について，かれら自身が対外的に発信していく際にも役立つのではないかと思います。

　コロナ禍の学生たちの実態調査において，かれらが直面する課題を分析し，どのように支援していったらよいのかを明らかにしていくことが非常に重要となります。しかし，それと同時に大切なことはかれらがどのように生き，どのように学んだのかを明らかにしていくことでしょう。なぜならそうした研究は，災害や疫病などの非常時における学生たちの強さと学びの可能性を映し出すものだからです。フィールドワーク教育は学生たちの主体的，そして探索的な学びを支援する，大きな可能性をもっています。今後，さらに，学生たちの探索的な学び，社会実践を支えていけるようなフィールドワーク教育のあり方を検討していきたいと思います。

【付記】
本章は村田（2022b）に基づき改稿したものである。

【謝辞】
本研究はJSPS 科研費 19K00720 の助成を受けたものである。

【参考文献】
原尻英樹（2006）．『フィールドワーク教育入門——コミュニケーション力の育成』玉川大学出版部
村田晶子（2018a）．「大学における多文化協働フィールドワークを通じたことば・文化の学び」佐藤慎司・村田晶子［編］『人類学・社会学的視点からみた過去，現在，未来のことばの教育——言語と言語教育イデオロギー』三元社
村田晶子［編］（2018b）．『大学における多文化体験学習への挑戦——国内と海外を結ぶ体験的学びの可視化を支援する』ナカニシヤ出版
村田晶子（2022a）．「コロナ禍の「日本留学」——外国人留学生の孤独とレジリエンス」『多文化社会と言語教育』2: 1-15.
村田晶子（2022b）．「コロナ禍の留学生たちによるフィールドワークの意味——社会の境界線越え」『多文化社会と言語教育』2: 26-38.
Clifford, J., & Markus, G. E. (eds.) (1986). *Writing Culture: The Poetics and Politics of Ethnography.* Berkeley, CA: University of California Press.
Marcus, G. E., & Fisher, M. M. J. (1986). *Anthropology as Cultural Critique: An Experimental Moment in the Human Sciences.* Chicago, IL: The University of Chicago Press.

著者一覧

【編著者】

村田　晶子（むらた　あきこ）
法政大学教授
専門：教育人類学，多文化教育，日本語教育
担当：全体編集，Part I，Part II，Part III ②⑪，ダ
　　　ウンロード版資料

箕曲　在弘（みのお　ありひろ）
早稲田大学教授
専門：文化人類学
担当：全体編集，Part I，Part II，Part III ①，ダ
　　　ウンロード版資料

佐藤　慎司（さとう　しんじ）
プリンストン大学
日本語プログラムディレクター
専門：教育人類学，日本語教育
担当：全体編集，Part III ⑥

【分担執筆者】

プレフューメ　裕子（プレフューメ　ゆうこ）
ベイラー大学上席講師
専門：教育学，日本語教育
担当：Part III ②，ダウンロード版 調査のための基
　　　本語彙リストの英訳

川村　宏明（かわむら　ひろあき）
フィンドレー大学准教授
専門：文化人類学，日本語教育
担当：Part III ③

青木　麻衣子（あおき　まいこ）
北海道大学教授
専門：比較教育学，オーストラリアの教育政策・制度
担当：Part III ④

高柳　俊男（たかやなぎ　としお）
法政大学教授
専門：朝鮮現代史，在日朝鮮人史，伊那谷地域研究
担当：Part III ⑤

David Slater（デビッド・スレイター）
上智大学教授
専門：文化人類学
担当：Part III ⑦（Slater・池辺）

池辺　早良（いけべ　さら）
東京大学大学院
人文社会系研究科 言語学研究室 博士課程
担当：Part III ⑦（Slater・池辺），ダウンロード版
　　　資料⑭

Julia Yongue（ジュリア・ヨング）
法政大学教授
専門：経営史
担当：Part III ⑧

山﨑　友紀（やまざき　ゆき）
法政大学教授
専門：水熱化学，地球環境学
担当：Part III ⑨

熊谷　由理（くまがい　ゆり）
スミス大学上席講師
専門：クリティカルリテラシー，日本語教育
担当 Part III ⑩

【謝辞】 本書の論考は JSPS 科研費（JP19K00720）の助成を受けたものである。

フィールドワークの学び方
国際学生との協働からオンライン調査まで

2022 年 7 月 30 日　初版第 1 刷発行
2024 年 5 月 30 日　初版第 2 刷発行

編著者　村田晶子・箕曲在弘・佐藤慎司
発行者　中西　良
発行所　株式会社ナカニシヤ出版
〒606-8161　京都市左京区一乗寺木ノ本町 15 番地
　　　　　　　　　　Telephone　075-723-0111
　　　　　　　　　　Facsimile　075-723-0095
　　　　　Website　http://www.nakanishiya.co.jp/
　　　　　Email　　iihon-ippai@nakanishiya.co.jp
　　　　　　　　　　郵便振替　01030-0-13128

装幀＝白沢　正／印刷・製本＝ファインワークス
Copyright © 2022 by A. Murata, A. Minou, & S. Sato
Printed in Japan.
ISBN978-4-7795-1676-4

本書のコピー、スキャン、デジタル化等の無断複製は著作権法上の例外を除き禁じられています。本書を代行業者等の第三者に依頼してスキャンやデジタル化することはたとえ個人や家庭内での利用であっても著作権法上認められていません。